완전 다른 사람이 된다

JOSEPH
MURPHY

완전 다른
사람이 된다

원하는 것을 현실로 만드는
잠재의식의 힘

조셉 머피 지음 | **박선주** 옮김

빌리버튼 billybutton

| 차례 |

JOSEPH MURPHY

제1장

잠재의식에
해답이 있다

1

잠재의식이 몸에 끼치는 영향

마음의 두 가지 양상

사람의 마음은 하나지만, 이 하나의 마음에는 뚜렷이 구분되는 두 가지 양상이 있습니다. 두 양상은 각각 고유한 특성을 띱니다. 이 마음의 양상은 따로 작용하기도 하고 함께 작용하기도 합니다.

마음의 두 양상 중 외부적인 것을 다루는 것은 객관적인 마음이라 부르고, 내면을 다루는 것은 주관적인 마음이라 부릅니다. 주관적인 마음은 순종하고 잘 받아들이며, 객관적이거나 의식적인 암시에 통제받습니다.

객관적인 마음은 우리 주변에 있는 현실 세계를 인지합니다. 다섯 가지 신체 감각이 관찰 매체가 됩니다. 즉, 우리가 환경과 접촉할 때 객관적인 마음이 안내자가 되는 것입니다. 그리고 우리는 오감을 통해 지식을 얻습니다. 객관적인 마음은 관찰과 경험, 교육을 통해 배웁니다. 이와 같은 의식의 가장 큰 기능은 이성적 사고와 연관이 있습니다.

현재 여러분이 있는 곳을 둘러보십시오. 공원과 건물, 멋진 구조물, 예쁜 정원 등이 보인다면 아름다운 곳이라 결론지을 수 있습니다. 이렇게 결론짓는 것은 주변 세계를 인지하는 객관적 마음의 작용입니다.

객관적 마음, 주관적 마음

'객관적'이라는 말은 객관적인 사물을 다룬다는 뜻입니다. 반면, 주관적인 마음은 신체의 오감과 상관없이 독립적으로 환경을 인지합니다. 주관적인 마음(잠재의식)은 의식을 거치지 않고 직접 파악합니다. 잠재의식은 감정의 중심지이므로 객관적 오감의 활동이 중단되었을 때 최고도로 기능합니다.

의식이 중지되거나 졸거나 나른한 상태일 때, 지혜는 뚜렷하게 드러납니다. 잠재의식은 시각이라는 감각을 사용하지 않고 봅니다. 또, 투시력과 초인적인 청력을 가집니다. 잠재의식은 몸을 떠나 멀리 여행하고, 가장 정확하고 진실한 특성을 지혜에 부여할 수도 있습니다.

잠재의식은 일상적이고 객관적으로 언급하는 의사소통 방법을 사용하지 않고서도 다른 사람의 생각을 이해할 수 있습니다. 그러므로 진정한 기도의 기술을 배우려면 의식과 잠재의식의 상호 작용을 이해하는 것이 대단히 중요합니다.

객관적인 마음과 주관적인 마음을 설명할 때 사용하는 다양한 용어가 있습니다. 의식과 잠재의식, 깨어 있는 마음과 잠자는 마음, 표면적 자아와 깊은 자아, 자발적 마음과 비자발적 마음, 남성적 마음과 여성적 마음 등이 있고, 이 외에도 여러 용어가 있습니다. 다만, 이것들은 하나의 마음이 가지는 두 가지 양상이라는 점을 명심하십시오.

잠재의식은 그대로 받아들인다

주관적인 마음은 언제나 암시를 잘 받아들이고 암시의 지배를 받습니다. 잠재의식은 당신과 갈등하지 않고 당신이 원하는 바를 수행합니다. 이것은 당신에게 일어나는 모든 일은 당신의 신념을 통해 잠재의식에 각인한 생각들에 기초합니다. 곧 잠재의식은 당신의 신념과 확신을 그대로 받아들인다는 뜻입니다.

잠재의식은 토양과 같아서 좋은 씨든 나쁜 씨든 다 받아들입니다. 당신이 진실로 인정하고 믿는 것이라면 무엇이든 잠재의식이 받아들이고, 삶의 조건이나 경험, 사건으로 발생시킨다는 사실을 기억하십시오. 다시 말해, 당신의 모든 아이디어가 내면을 통해 잠재의식에 전달됩니다.

예를 들어 설명하겠습니다. 의식은 갑판 위에 올라선 선장과 같습니다. 사람들은 배를 지휘하고, 모든 기관과 기계, 계기 등이 있는 기관실에 지시를 내립니다. 기관실에 있는 사람들은 배가 어디로 가는지 알지 못합니다. 단지 지시를 따를 뿐입니다.

만일 선장이 나침반과 각도기 등의 도구들에 기초하지만, 그릇된 판단으로 잘못된 지시를 내리면, 이 배는 암초 사이를 지나가게 될 수도 있습니다. 기관실 사람들은 선장이 지휘자이기 때문에 선장의 지시를 그저 따를 뿐입니다. 이들은 선장에게 말대꾸하지 않고 지시를 이행합니다.

배의 주인은 선장입니다. 그러니 그 배에 탄 사람 모두 선장의 명령을 따라야 합니다. 마찬가지로 당신의 의식은 선장이고, 당신이라는 배의 주인입니다. 당신의 몸과 모든 상황과 일은 배에 해당합니다. 잠재의식은 당신이 진실이라 인정한 신념과 암시에 기초해, 지시하는 명령을 수행합니다.

또 다른 식으로 설명하겠습니다. 만일 당신이 사람들 앞에서 "저는 버섯 싫어해요"라고 거듭 말하면, 당신은 버섯을 먹었을 때 소화불량에 걸립니다. 잠재의식이 "주인은 버섯을 좋아하지 않아"라고 말하기 때문입니다. 이것은 의식과 잠재의식의 관계를 잘 보여주는 재미있는 예시입니다.

만일 어떤 여성이 "저는 밤에 커피를 마시면 새벽마다 잠이 깹니다"라고 말한다면, 커피를 마실 때마다 잠재의식이 그녀를 쿡 찌릅니다. 마치 "주인이 한밤중에 깨고 싶어해"라고 말하는 것처럼 말입니다.

치유를 방해하는 말

수천 년 전 고대시대, 심장은 잠재의식을 뜻했습니다. 이집트인들은 심장이 잠재의식이라는 것을 알았지만, 꼭 그렇게 지칭하지는 않았습니다. 칼데아인과 바빌로니아인은 잠재의식을 또 다른 이름으로 불렀습니다. 우리는 잠재의식에 강한 인상을 남길 수 있고, 그러면 잠재의식은 그렇게 새겨진 것을 겉으로 드러냅니다. 강하게 감동하고 진실이라 느낀 아이디어는 무엇이든 잠재의식이 받아들이니까요.

예를 들어 힐링하고 싶다면, 긴장을 풀고 편안히 숨을 쉬면서 신경을 다른 곳에 고정한 채로 잠재의식 안에 있는 치유의 힘을 떠올려보십시오. 그리고 지금 신체 기관이 치유되고 있다고 확언하십시오. 이때, 마음속에 분노나 쓰라린 감정이 없어야 하고, 내 용서를 기다리는 사람이 있다면, 모두 용서해야 합니다. 이런 과정을 반복합니다. 잠재의식이 우리의 몸을 만들었고, 몸을 치료할 수도 있다는 사실을 명심하십시오.

어떤 사람들은 자기 몸의 어느 부분이 치유되고 있다고 거듭 말하고서는, 몇 분 뒤 "아아, 점점 더 나빠지고 있어. 나는 절대로 치유되지 못할 거야. 나는 치유 받을 수 없어"라고 말합니다. 이런 마음가짐이나 부정적인 말은 이전에 한 긍정적인 확언을 무효로 만듭니다.

가령 의사가 환자를 수술했다고 합시다. 맹장을 떼어냈는데, 몇 분 뒤에 돌아와 수술 부위가 괜찮은지 확인하려고 배를 열어 보고, 30분 뒤에 다시 와서 또 열어 본다면, 아마 그 환자는 수술한 부위에 염증이 생겨 죽을 수도 있을 것입니다. 이와 마찬가지로 부정적인 말은 치유를 방해합니다.

잠재의식의 중요성

우리 내면에는 잠재의식이 있습니다. 전기를 다루기 위해 전기 사용법을 배우듯 잠재의식을 활용하기 위해서 잠재의식을 사용하는 방법을 배워야 합니다. 인간은 전기를 전선과 관, 전구, 전도율, 절연 법칙에 대한 지식 등으로 통제합니다. 우리는 내면에 있는 잠재의식의 엄청난 힘과 지능에 대해서도 배우고, 이것을 현명하게 사용해야 합니다.

많은 사람이 잠재의식의 중요성을 깨닫기 시작했습니다. 사업 영역에서도 많은 사람이 잠재의식을 사용해 성공하고 승진합니다. 에디슨, 포드, 굴리엘모 마르코니Guglielmo Marconi, 아인슈타인을 비롯해 많은 사람이 잠재의식을 사용했습니다. 이들은 잠재의식을 통해 통찰력과 노하우를 얻어 과학이나 산업, 예술 분야에서 위대한 성취를 이뤄냈습니다.

잠재의식의 힘을 실행하는 능력이 모든 위대한 과학자, 연구자의 성공을 결정지었다는 연구 결과가 있습니다. 당신 안에 엄청난 발전기가 있고, 당신은 그것을 사용할 수 있으며, 긴장 상태와 좌절감에서도 완전히 벗어날 수 있습니다. 또, 몸의 여러 부분에 생기와 활기를 불어넣는 풍부한 에너지를 당신 안에서 발견할 수 있습니다.

일례로《가르시아 장군에게 보내는 편지A Message to Garcia by Elbert Hubbard》를 쓴 작가 엘버트 허버드Elbert Hubbard는 "가장 중요한 아이디어는 정원을 가꾸거나 산책하면서 쉴 때 찾아왔다"고 말했습니다. 이는 긴장을 푼 상태로 잠재의식이 전면으로 나오기 때문입니다. 이렇듯 의식이 온전히 쉬면 영감이 솟구치게 됩니다.

어떤 문제를 놓고 고민하다가 잠이 들었는데, 다음 날 해답이 떠올랐던 경험이 있습니까? 그것이 바로 "밤이 조언을 가져다준다"라는 옛 격언의 의미입니다.

만일 아침 7시에 일어나고 싶다면 잠재의식에게 알려주세요. 그러면 당신의 잠재의식이 7시에 깨워줄 것입니다.

어머니가 아픈 아이를 간호하다 잠이 듭니다. 잠들기 전, 어머니는 아이가 고열에 시달리거나 약 먹일 시간이 되거나 아이가 울면, 바로 일어나야 한다고 자기 마음에 암시를 줍니다. 어쩌면 간호하느라 지쳐 천둥이 쳐도 어머니는 잠에서 깨지 못할 수도 있습니다. 그러나 아이가 울면, 바로 잠에서 깹니다. 이것은 어머니 마음속에 있던 잠재의식이 작용해 생기는 일입니다.

잠재의식에는 치유하는 힘이 있다

'마음 치료'는 현재 세계적으로 많은 사람의 관심을 받는 주제입니다. 이는 잠재의식에 존재하는 치유의 힘에 사람들이 점차 눈을 뜨고 있다는 말이기도 합니다. 다양한 치유 학파에서 갖가지 놀라운 치유가 일어난다는 것은, 널리 알려진 사실입니다.

모든 치유의 해답은 하나의 보편적인 원리, 즉 '잠재의식적 마음'과 치유 과정인 '믿음'에 있습니다. 16세기 스위스의 유명한 연금술사이자 의사 필리푸스 파라켈수스Philippus aracelsus는 다음과 같은 위대한 진리를 말했습니다.

"믿는 대상이 참이냐 거짓이냐에 상관없이 동일한 결과를 얻을 것입니다."

일본, 인도, 유럽, 아메리카 대륙 등 전 세계 다양한 성지에서 치유가 일어나는 것은 기정사실입니다. 이들은 치유에 대해 의심할 수 없는 증거를 제시하는데, 그 이론들은 크게 다릅니다. 그런데도 모든 이론에 공통되는 근본 원리가 존재하고, 질병의 원인과 치유의 근원 모두 마음에 있습니다.

자기 암시의 두 가지 작용

우리는 마음의 두 가지 특성에 대해 알아야 합니다. 잠재의식은 언제나 암시를 잘 받아들이고, 몸의 기능과 상태, 감각을 완전히 통제합니다. 우리는 거의 모든 질병이 암시에 의한 최면으로 유발될 수 있다는 사실을 잘 알고 있습니다.

일례로, 최면에 걸린 피험자는 암시에 반응해 고열이나 안면 홍조, 오한을 일으킬 수 있습니다. 어떤 사람에게 최면을 걸어 '당신은 다리가 마비되어 걷지 못할 것입니다'라고 암시를 주면 그 사람은 정말로 다리가 마비됩니다. 마찬가지로 특정한 신체 부위에 고통을 유발할 수도 있습니다.

최면에 걸린 사람의 코 밑에 찬물을 담은 컵을 놓고 이렇게 말합니다. "이 컵에는 후추가 가득 들어 있습니다. 냄새를 맡아 보세요!" 그러면 피험자는 재채기를 할 것입니다. 무엇이 재채기를 일으켰을까요? 물일까요, 암시일까요?

여기 최면 상태에 빠진 사람이 있습니다. 평소 이 사람은 꽃가루 알레르기로 고생하고 있습니다. 그의 코앞에 조화나 빈 유리컵을 놓고, 컵 속에 꽃가루가 있다고 말하면, 그는 전형적인 알레르기 반응을 일으킬 것입니다. 이런 현상은 질병의 원인이 마음에 있고, 질병의 치유 역시 마음을 통해 일어날 수 있음을 보여줍니다.

다양한 종파의 교회뿐만 아니라 접골 요법, 척추 치료, 의술, 자연 요법을 통해서도 놀라운 치유가 일어난다는 사실을 우리는 잘 알고 있습니다.

면도하다가 벤 얼굴의 상처가 어떻게 치유되는지 유심히 관찰해보세요. 의사는 칼에 베인 상처를 처치한 후, 시간이 지나면 저절로 나을 것이라고 말합니다. 이는 자연법칙이나 잠재의식의 법칙 또는 자기 보존의 법칙을 말하는데, 바로 잠재의식 작용을 뜻합니다. 자기 보존 본능은 자연의 제1법칙이고, 인간의 가장 강력한 본능이 자기 암시입니다.

이제 우리는 본능에 '반하는' 자기 암시가 몸에 질병을 일으킨다는 사실을 알았습니다. 그렇다면 반대로, 본능에 '따르는' 자기 암시는 얼마나 엄청난 힘을 가질 수 있을까요!

평소 건강을 유지하고, 몸을 회복하는 것은 무척 중요합니다. 치유를 가져오는 믿음은 마음가짐이자 사고방식이며, 내면의 확신이면서 동시에 제일 좋은 것에 대한 기대감입니다.

몸이 치유되려면 의식과 잠재의식이라는 공동의 믿음을 확보하는 것이 좋습니다. 그러나 몸과 마음의 긴장을 풀고서 비활동적이고 수용적인 상태, 잠자는 상태로 들어갈 때는 그것이 꼭 필수적인 것은 아닙니다.

물질과 자기 몸을 완전히 부인한 상태에서 놀라운 치유를 받은 사람들이 있는가 하면, 세상과 물질, 자기 몸이 실재함을 인정하고서야 치유를 받은 사람들도 있습니다. 이는 마음이나 정신적 분위기에 변화를 준다면, 어떠한 방법이나 기법, 치유 과정도 적절하게 사용할 수 있다는 뜻이기도 합니다. 그러면 자연스럽게 결과가 따라올 것입니다. 치유는 변화된 마음가짐이나 마음의 변화에 기인하기 때문입니다.

예컨대, 성자의 뼈가 치유에 도움이 된다고 믿거나 어떤 물의 치유 능력을 믿는 사람이라면, 그 사람에게도 잠재의식에 주는 강력한 암시로 인해 효과가 발생할 것입니다. 잠재의식이 치유를 수행하는 것이니까요.

주술사 역시 주문을 외워 믿음으로 치유합니다. 진정한 과학적인 정신 치료는 의식과 잠재의식이 체계적으로 결합될 때 나타납니다.

손에 생긴 궤양이나 자기 몸까지 부정하면서, 눈에 보이고 만져지는 모든 것이 실제로 존재하지 않는다고 말하는 사람도 치유될 수 있습니다. 어쩌면 이 모든 것이 불합리하게 여겨질 지도 모릅니다. 그리고 의문이 생기겠지요.

"지성에 반하는 말을 하면 어떻게 치유를 받을 수 있을까요?"

그 답은, 잠재의식이 어떻게 작동하는지를 알면 확실해집니다.

참가자는 몸과 마음에 긴장을 풀어야 합니다. 조용하고 수용적이며, 비활동적인 상태로 들어가기 위해서 말입니다. 그러면 객관적인 감각들이 부분적으로 정지하고, 신체 기능이 멈추며, 최면 상태에 빠져 잠재의식이 암시를 잘 받아들이게 됩니다. 이때, 실험자가 완벽한 건강을 뜻하는 말을 참가자의 잠재의식에 인식될 수 있도록 암시합니다. 참가자는 이런 과정을 통해 마음의 안정을 얻게 되고, 완전한 치유를 받을 수 있을 것입니다.

이렇게 하는 동안 실험자는 참가자에게 치유 능력이나 이론적 정확성에 의심을 일으킬 만한 적대적인 자기 암시는 주지 않아야 합니다.

효과가 있으니 자기 이론이 맞는다고 주장하는 사람들이 있는데, 이 주장이 모두 올바른 것은 아닐 수도 있습니다.

최면술의 창시자로 불리는 독일 의사 프란츠 안톤 메스머Franz Anton Mesmer를 비롯한 어떤 사람들은, 자신들이 특정한 자성 유체磁性流體를 내보낸다고 주장하면서 치료했습니다. 그러자 그것은 터무니없는 주장일 뿐, 치유는 단지 암시에 기인하는 것이라고 말하는 사람들이 등장했습니다.

정신과 의사, 심리학자, 접골사, 척추지압사, 내과의사 그리고 많은 교회 목사들은 잠재의식에 존재하는 보편적이고 유일한 치유의 힘을 사용합니다. 그들은 치유가 자신들의 이론 덕에 일어났다고 주장할 것입니다.

모든 치유 과정은 분명하고 확고한 내적 확신과 마음가짐, 그리고 믿음이라 불리는 정신적 태도에서 비롯됩니다. 치유는 확신에 찬 기대감에 기인합니다. 그것이 잠재의식에 강력한 암시로 작용해, 치유의 효능을 풀어놓는 것이지요.

이것과 다른 어떤 힘으로 치료되는 것이 아닙니다. 자신만의 이론 또는 방법을 가질 수는 있습니다. 그러나 치유 과정은 단 하나, 믿음뿐입니다. 치유의 힘, 즉 당신의 잠재의식만 있을 뿐입니다. 어떤 이론이나 방법이든 그저 선호하는 쪽을 택하십시오. 효과를 발휘하는 믿음만 있다면 안심하고 쉴 수 있습니다.

며칠 전 〈로스앤젤레스 이그제미너Los Angeles Examiner〉라는 일간지에서 '기도의 능력 심신 테스트'라는 이름으로 수행한 실험에 대해 자세히 소개했습니다. 이 실험은 레드랜즈대학교Redlands University의 존 맥도웰John McDowell이 기도 치료를 진행할 때 실시한 것입니다. 그것을 인용하겠습니다.

> 윌리엄 R. 파커William R. Parker 박사는 한 모임에서 기도 치료로 효과를 보았다고 오늘 처음으로 밝혔다. 이 박사가 말한 모임은 관절염, 결핵, 궤양, 언어 장애가 있는 환자 20명으로 구성된 모임이었다.
>
> 이 모임 회원들은 대학병원에서 실시하는 정기적인 집단 심리 치료와 기도 요법을 받았다. 파커 박사는 이런 치료에 참여한 환자들이 그렇지 않은 환자들보다 훨씬 빨리 치료 효과를 보았다고 말했다. 한 예로, 오직 기도와 집단 치료에 의존한 위궤양 환자는 지난 3주에 걸쳐 위궤양 증상이 모두 사라졌다.
>
> 또, 어떤 환자는 거의 평생을 말더듬증으로 고통을 받았다.

그는 그 증상을 고치고자 수년간 온갖 방법을 썼지만, 치유할 수 없었다고 했다. 그러나 6개월 정도 기도 치료를 받은 뒤에야 말더듬증을 흔적도 없이 고치게 되었다고 했다. 다른 환자는 1년 전 결핵에 걸려 직장을 그만둬야 했는데, 확실히 치유를 받고 이제 교직으로 돌아가게 되었다.

파커 박사가 말했다. "담당 의사는 최근 환자에게 가래 검사를 진행했습니다. 검사 결과가 음성으로 나오자, 의사는 오류가 있다고 확신했고, 재검사를 진행했는데도 음성으로 나왔습니다."

심리학을 전공한 파커 박사는, '기도 치료는 만병통치를 믿는 엉터리 기적이 아니라 기도와 기도가 잠재의식에 미치는 영향에 대한 과학적 접근법'이라고 강조한다.

선구적인 심신 의학계의 관점으로 볼 때 잠재의식은 관절염과 천식, 고초열枯草熱, 각종 경화증, 결핵, 궤양, 고혈압 등 인간의 각종 질병의 근원입니다.

의료계 종사자들이 맹렬히 이의를 제기하는 심신 의학 이론은, 질병을 잠재의식 속 기능 장애에서 시작해 장기臟器 질환으로 발전하는 것이라 여깁니다. 그런데 심신 의학 이론에서 볼 때, 의사들은 원인보다 증상에 초점을 두고 치료합니다.

파커 박사에 따르면, "기도 치료란 잠재의식 내 장애들의 원인에 초점을 둔 심신 의학의 한 방법"이라고 합니다. 또, 그는 "기본적인 성격상 결함 네 가지가 잠재의식 속의 모든 문제를 일으키는 근원입니다. 그것들은 두려움, 증오, 죄책감, 열등감입니다"라고 말했습니다.

레드랜즈 대학병원 기도 치료 실험에서는, 실험에 참여한 환자들을 대상으로 일련의 표준 심리 테스트를 진행해, 네 가지 근본적인 문제를 먼저 찾아냅니다.

그다음에 환자들은 매주 90분 동안 진행하는 집단 모임을 통해 자신들이 가진 문제를 공개하고, 함께 토론합니다. 토론이 끝나면 환자마다 실험이나 검사를 통해 밝혀진, 문제가 되는 자신의 성격 한 가지에 대한 정보가 담긴 봉투를 받게 됩니다. 이들은 집에 돌아가 봉투를 열어 원치 않는 자신의 성격에 대해 파악해야 합니다. 그리고 다음 모임 때까지 그 문제를 해결할 수 있도록 매일 기도합니다. 여기서 반드시 지켜야 할 것은 딱 하나입니다. 모든 환자는 매일 잠자리에 들기 전, 반드시 같은 시간에 규칙적으로 기도를 해야 합니다. 잠들기 전에 하는 생각이 잠재의식에 가장 잘 침투하기 때문입니다.

3년 전 궤양을 앓은 파커 박사는, 처음으로 자신에게 기도 이론을 시도했습니다. 자기가 주장하는 이론을 믿게 하려면 직접 시도해야 한다고 생각했고, 자신을 보고 환자들이 올바른 기도 방법을 배울 수 있다고 믿었기 때문입니다.

그는 기도 치료 환자들에게 기도를 긍정적으로 생각하고, 사랑을 강조하며, 우주의 개념을 이해하도록 가르쳤습니다. 그는 이렇게 말했습니다.

"당신이 하는 기도는 건강해지게 해달라는 구걸이 아니라, 건강하지 않은 부위를 낫게 해달라는 확언입니다. 긍정적인 마음으로 기도를 반복하면 결국 잠재의식에 스며들어 그 사람의 일부가 됩니다. 기도를 통해, 자의식 속에 있는 파괴적인 특성을 공격하고 극복함으로써 마침내 몸의 질병을 유발한 근본 원인을 제거할 수 있습니다."

자기 암시 활용하기

저는 로스앤젤레스에 있는 윌셔 이벨 극장에서 매주 일요일마다 강연을 하는데, 그때 '치유 침묵'이라는 시간을 갖습니다. 먼저 청중에게 긴장을 풀고 정신 활동을 멈추라고 합니다. 의심하는 의식을 잠잠히 가라앉히고, 건강, 평화, 기쁨, 부유함 등 새로운 아이디어를 수용적인 마음에 채워넣기 위함입니다.

새로운 생각이 주입되면 치유나 기도에 대한 응답이 결과로 나타납니다. 이것이 바로 '잠재의식의 동적 작용'입니다. 주일마다 받는 수많은 감사 편지가 증명하듯, 많은 사람이 놀라운 결실을 보고합니다.

저는 잠재의식의 작용과 관련해 몇 가지 중요한 요소를 강조하고 싶습니다.

언젠가 한 남자가 "나는 두통이 없다"라고 계속 다짐하듯 말하는데도, 왜 두통이 사라지지 않는지 모르겠다고 했습니다.

잠재의식은 모순되는 말을 받아들이지 않습니다. 오로지 당신이 진짜라고 믿고 느끼며, 그것을 인정해야 받아들입니다. 당신의 생각이 실현될 가능성을 정신적으로 인정하면, 잠재의식이 협력합니다. 잠재의식에 그 생각을 각인시키려면 잠재의식의 협조가 필요합니다. 두통이 없다고 잠재의식을 설득할 수 있어야만 두통이 사라질 것입니다.

저는 그에게 평온한 마음으로 **"두통이 사라지고 있다"**라고 선언해보라고 권했습니다. 남자는 제가 알려준 방법을 실천하면서, 잠재의식이라는 지혜롭고 깊은 자아에 본인의 생각을 더욱 잘 정리할 수 있었습니다.

남자는 제가 알려준 방법으로 효과를 보았고, 더 나아가 **"다**

시는 두통이 생기지 않을 것이다"라고 말할 수 있게 되었다고 했습니다. 그날 이후, 남자를 빈번히 괴롭혔던 편두통이 수년 간 발생하지 않았습니다.

이전에 그는 매주 화요일과 토요일 아침이면, 편두통으로 고 생할 것이라는 지레짐작을 했었습니다. 이런 감정은 그의 잠재 의식에 자기 암시로 작용했습니다. 그래서 바로 그 시간이면 잠재의식은 그가 두통을 겪도록 강요했습니다. 잠재의식이 이 렇게 말하는 것 같았습니다.

"화요일 아침이야. 주인이 두통을 기다려."

그는 이 부정적인 암시를 앞에서 언급한 역^逆암시로 제거했 습니다.

또 다른 예가 있습니다.

몇 해 전 매우 총명한 여성이 찾아왔습니다. 그녀는 몸 이곳 저곳이 건조해지고 가려움을 느끼는 피부질환을 가지고 있었 습니다. 그녀의 증상은 연고를 바르면 가라앉았지만, 연고를 바 르지 않으면 다시 생긴다고 했습니다. 그녀는 원한 산 사람이 없었고, 독실했으며, 정서적으로도 안정된 듯 보였습니다.

저는 얘기를 나누면서, 그녀가 피부질환이 재발할까봐 두려 워한다는 사실을 알아챘습니다. 정말이지 두려움이 그녀의 잠재의식에 매우 강력한 암시로 작용했습니다. 두려움이 암시와 믿음으로 그녀를 통제했고, 그에 따라 반응을 보인 것입니다.

그녀는 하루에 두세 번씩 확언했습니다.

"나는 온전하고 깨끗하며, 완벽하다. 내 피부도 완벽하다. 나는 치유 받았다."

이 말을 반복하니 며칠 지나도 아무런 증상이 일어나지 않았습니다.

그녀는 "내 피부는 완벽하다"라고 말할 때마다 마음속에서 번민에 사로잡혔습니다. 그녀 안에서 무언가가 "아니야, 네 피부는 완벽하지 않아!"라고 말을 한 것입니다. 그러나 다음과 같은 방법으로 놀라운 효과를 얻었습니다. 하루에 서너 번씩 짧은 시간에 이렇게 말한 것입니다.

"나는 지금 더 나아지고 있다."

이 말은 잠재의식이나 의식에 아무런 갈등을 일으키지 않았고, 그녀는 피부질환의 고통에서 벗어날 수 있었습니다.

조셉 머피의 '기적의 한마디'

~~~~~~

1. 모든 치유의 해답은 잠재의식적 마음과 믿음에 있습니다.
2. 자기 보존 본능은 자연의 제일 법칙이고, 인간의 가장 강력한 본능이 자기 암시입니다.
3. 치유는 확신에 찬 기대감에 기인하고, 잠재의식에 강력한 암시로 작용해 치유의 효능을 보여 줍니다.

2
잠재의식을 어떻게 활용할까

잠재의식은 이미 알고 있다

잠재의식의 치유력을 믿으십시오. 그것은 당신의 몸을 만들고, 몸의 모든 과정과 기능에 대해 잘 알고 있습니다. 또, 의식보다도 치유와 회복에 대해 더 많이 알고 있습니다. 깊은 자아라 불리는 잠재의식은, 때때로 당신 몸에 대해 세상에서 가장 지혜롭다고 하는 사람들보다 더 많은 것을 알고 있습니다.

절대로 마음을 강요하려고 하지 마십시오. "나는 완전하고 깨끗하며, 아주 완벽해"라고 말하는 사람들이 치유 효과를 볼 수 없다는 뜻은 아닙니다. 물론, 그들도 효과를 얻습니다. 그들도 자신을 설득하는 데 성공하니까요. 때로는 맹목적인 믿음과 신앙도 개인의 주관적인 믿음이 되어 결과를 낼 수 있습니다.

심리학자인 제 친구가 폐 한쪽이 감염되었던 적이 있습니다. 엑스선 촬영과 분석 결과, 친구의 병명은 결핵이었습니다. 그는 잠자리에 들기 전 혼자서 조용히 말했습니다.

"내 폐의 모든 세포와 신경, 조직, 근육이 이제 완전하고 깨끗하며 완벽해지고 있다. 내 몸은 건강하고 조화롭게 회복되고 있다."

그가 꼭 이렇게 표현하지는 않았지만, 요약하면 이러했습니다.

약 한 달이 지나 다시 엑스선을 촬영했더니, 그는 완전히 치유된 것으로 나왔습니다. 친구가 어떻게 회복했는지 방법을 알고 싶었던 저는, 그에게 잠들기 전에 왜 그 말을 반복해서 했는지를 물었습니다. 친구가 대답했습니다.

"잠재의식 활동은 자네가 자는 동안에도 계속되네. 그러니 잠들기 전에 잠재의식에 좋은 것을 주게."

이는 현명한 대답이었습니다. 그는 건강과 조화를 암시하면서 문제는 결코 언급조차 하지 않았던 것입니다.

강력히 권고하는데, 질병에 대해 말하거나 병명을 언급하는 일은 그만두십시오. 생명을 빨아 당기는 유일한 수액은, 염려나 두려움뿐입니다. 이 심리학자 친구처럼 당신도 마음과 관련해 훌륭한 의사가 될 수 있습니다. 그러면 죽은 가지가 나무에서 잘리듯 문제 역시 잘려나갈 것입니다. 그러나 통증과 증상을 계속 말하고 상상하면, 마음의 법칙에 따라 '내가 매우 두려워하는 것들'이 구체적으로 나타나게 됩니다.

잠재의식을 활용하는 방법

잠재의식에 각인하려면 주로 의식이 건네는 요구 사항을 잠재의식이 믿도록 설득해야 합니다. 이런 '전달하기'는 몽상과 같은 상태에서 가장 잘 이행됩니다. 당신의 깊은 마음은 지혜와 능력이 무한하다는 사실을 이해하십시오. 원하는 것을 조용히 생각하고, 앞으로 더욱 풍성한 결과를 맺는 상황을 상상하세요.

한 소녀는 심한 기침으로 인해 목이 아팠지만, 거듭 선언했습니다.

"이제 감기는 사라진다. 감기는 사라진다."

소녀가 이렇게 말하고 나서 한 시간 만에, 감기는 정말로 사라졌습니다.

잠재의식을 사용할 때 반대 견해를 암시하지 마십시오. 의지력도 사용하지 마십시오. 의지력이 아닌 상상력을 사용하십시오. 결과와 자유로워진 상태를 상상하십시오. 이성이 방해하려고 하겠지만, 단순하고 순수하게 기적을 일으키는 믿음을 유지하십시오. 질병이나 문제가 없는 자기 모습을 그려보십시오. 자신이 간절히 원하는 자유로운 상태에 이르렀을 때의 감정을 상상하십시오. 이 과정에서 불필요한 형식은 전부 제거하십시오. 언제나 단순한 방법이 최선입니다.

잠재의식이 작동하는 방식

당신의 몸은 의식과 잠재의식 또는 수의 신경계(중추신경계)와 불수의 신경계 간의 상호 작용을 반영하는 유기체를 품고 있습니다.

이 두 가지 체계는 따로따로 또는 동시에 활동할 수 있습니다. 미주 신경이 몸 안에서 두 체계를 연결합니다. 미주신경은 12쌍의 뇌신경 중 열번째에 해당되는 뇌신경으로, 심장, 폐, 부신, 소화관 등의 무의식적인 운동을 조절하는 구성 요소입니다. 세포와 눈과 귀, 심장, 간, 방광 등 신체 여러 기관의 구조를 연구하면, 그것들은 함께 기능하는 정보군을 포함한 세포 집단으로 구성되고, 의식(지배하는 마음)의 제안에 따라 연역적 방식으로 명령 받고 수행한다는 것을 알 수 있습니다. 앞에서 언급한 심리학자의 폐의 정보군은 건설적이면서 긍정적인 암시에 반응한 것입니다.

이 책을 읽는 당신의 목적은, 마음의 작용에 관한 미스터리를 없애고, 그 방식에 대해 잘 이해하며, 알게 되는 것입니다. 긴장을 풀고 편안한 상태에서 잠재의식은 표면으로 떠오르고, 치유자가 암시하는 정확한 패턴에 따라 기능하기 시작합니다. 그러면 마음의 운동 기능이 미주 신경을 거쳐 활동하게 됩니다. 마음은 수면 상태와 깨어 있는 상태 사이에서 물질적 속박과 시공간의 한계를 뚫고 나와, 타고난 자유를 주장합니다.

미국의 정신치료사 피니어스 큄비Phineas Parkhurst Quimby의 제자인 에반스Evans 박사는 의식을 중단하거나 외부 환경에 대한 의식의 상실 없이도 내면의 계시를 통해 질병을 진단할 수 있었습니다.

투시력은 잠재의식의 다양한 능력 중 하나로 큄비와 에반스 박사 등 많은 사람이 이 투시력을 통해 인간 내면의 구조와 질병의 특징과 규모, 그 이면의 원인을 명확히 볼 수 있었습니다.

투시력은 환자를 치료하는 데 큰 도움이 되었습니다. 질병의 정신적이고 감정적인 원인에 대해 알게 되면, 대부분 문제가 해결되기 때문입니다. 이때 거치는 일반적인 절차는 다음과 같습니다.

1. 문제를 본다.
2. 잠재의식만이 아는 해법이나 해결책에 의지한다.
3. 깊은 확신에 의지한다.

이제 "그렇게 되기를 바란다" 또는 "더 나아질 거야!"라는 식으로 말하지 마십시오. 이는 앞에서 한 처치를 약화하는 것입니다. 우리 몸의 세포 구조는 의식이 잠재의식을 통해 전달하는 청사진을 정직하고, 충실하게 따를 것입니다.

때로 잠재의식은 '주관적인 마음' 또는 '불수의적不隨意的 마음'이라 불립니다. 해야 할 일에 대해 당신이 느끼는 감정이 '주인'입니다. 건강이 당신의 것임을 확실히 이해하십시오. 조화가 당신 것입니다. 잠재의식이라는 무한한 치유 능력의 매체가 되어 영리해지십시오.

만약 실패한다면 그 이유는, 바로 자신감 결여와 과도한 노력 때문일 것입니다. 확신에 이를 때까지 잠재의식에 암시를 준 다음에는 긴장을 푸십시오. 손을 떼십시오. 환경과 상황에 대고 이렇게 말하십시오. **"이 또한 지나가리라."**

당신은 휴식을 통해 잠재의식에 강한 인상을 남기고, 잠재의식은 운동 에너지가 그 생각을 전달받아 구체적으로 실현하도록 합니다.

진정한 힘은 잠재의식에 있다

단세포 생물을 자세히 연구하면 우리 복잡한 신체에서 무슨일이 일어나는지 알 수 있습니다. 단세포 생물은 기관을 갖고 있지 않은데도 정신이 있습니다. 즉 운동과 영양 섭취, 소화, 배설이라는 기본적 기능들을 수행하는 작용과 반작용이 있습니다.

프랑스의 외과의사이자 생물학자로, 삼각 봉합법을 개발해 장기이식을 가능하게 한 공로를 인정받아 노벨생리학과 의학상을 받은 알렉시 카렐Alexis Carrell 박사가 병아리의 심장 실험을 통해 발견한 사실은 매우 의미심장합니다. 그는 심장이 분리되어도 생명이 제 기능을 한다는 기본적인 사실을 발견했습니다.

인간의 몸은 내적 정신의 작용을 겉으로 드러냅니다. 우리의 진정한 힘은 잠재의식에 존재합니다. 누구도 잠재의식 작용에 대해 전부 다 알지는 못합니다. 그 범위가 무한하기 때문이지요.

우리는 잠재의식의 작용 방식과 관련해 무엇을 할 수 있는지 배우고, 그것을 활용해야 합니다.

사람들은 내버려두면 알아서 몸을 돌볼 지혜가 있다고 말합니다. 이 말이 맞긴 합니다. 그러나 이 주장만 옳다고 한다면, 우리는 언제나 의식만이 오감에 기초해 우리의 모든 것을 간섭하고, 잘못된 신념과 두려움, 한낱 의견에 영향을 받게 될 수 있다는 문제가 발생합니다. 두려움과 잘못된 신념, 부정적 패턴이 심리적이고 감정적인 조건화를 통해 잠재의식에 기록되면, 잠재의식은 그 청사진에 따라 행동하는 것 외에 다른 방법이 없습니다.

당신이 실패하는 이유

우리 안에 있는 주관적 자아는 '만물 뒤에 있는 조화'라는 본질적 원리를 반영하며, 공공의 이익을 위해 계속 움직입니다. 에디슨, 미국의 식물학자이자 화학자인 조지 워싱턴 카버^{George Washington Carver}, 아인슈타인 등 교육을 많이 받지 않은 사람들의 작품을 연구하면, 그들이 어떻게 잠재의식의 무한한 보물을 이용했는지 알 수 있습니다.

믿음의 근거를 당신 안에 두십시오. 보이지 않는다고 해서 믿지 않는다면, 크게 발전할 수 없습니다.

저는 사랑을 보지는 못하지만 느낍니다. 아름다움을 보지 못하지만, 그것이 드러난 것을 봅니다. 주관적인 믿음은 프로 권투 선수의 건장한 몸보다 다락방의 보잘것없는 몸 안에서 더 크게 자랍니다. 사람들이 실패하는 이유는, 잠재의식의 힘을 신뢰하지 않기 때문입니다. 내면의 힘과 친해지십시오.

자신이 완벽하다는 사실을 안다 해도 그 완벽함을 드러내지 못한다면 무슨 소용이 있겠습니까? 자아실현과 믿음이 치유의 유일한 열쇠입니다.

마음이 일으킨 기적

한 남자가 '머리 위에서 토끼 발을 일곱 번 흔들면 몸에 난 커다란 사마귀가 떨어질 것'이라는 말을 들었습니다. 그는 그 말을 믿었고, 그대로 해서 효과를 보았습니다. 그러나 사마귀가 떨어진 것은 토끼 발을 흔든 것과는 아무 상관이 없었습니다. 다만, 마음의 법칙에 기인했을 뿐입니다. 정신적 동의와 믿음이 원인이었고, 사마귀가 사라진 것이 그 결과였습니다. 만일 당신이 긴장하고 불안한 상태라면, 힘들고 도움이 필요한 상황에서 잠재의식이 주의를 집중하지 못할 것입니다.

어떤 집주인이 보일러 고치는 비용으로 200달러를 요구하는 수리공에게 항의했습니다. 수리공은 당당하게 대꾸했습니다.

"볼트 값은 5센트이지만, 어디가 고장 났는지 알아내는 데 199달러 95센트가 듭니다."

잠재의식은 이 숙련공과 마찬가지로 당신의 문제를 알아내는 것은 물론, 몸의 어느 기관이든 치료하는 수단과 방법에 대해 잘 알고 있습니다.

건강해지라고 명령하십시오. 그러면 잠재의식이 건강을 확실히 보장할 것입니다.

여기에서 긴장을 푸는 것이 중요합니다. 서두르지 마십시오. 세세한 것에 신경 쓰지 말고, 결과에 집중하십시오. 당신이 가진 문제가 건강이든, 재정이든, 취업이든 잘 해결된 상황만을 느끼십시오. 심각한 병에서 회복된 후 어떤 느낌이었는지를 기억하십시오. 당신이 느끼는 그것이 모든 잠재의식이 표출되는 척도입니다. 새로운 아이디어를, 미래가 아닌 완료된 형태로, 지금 일어나고 있는 일이라 느껴야 합니다.

저의 '마음의 기적' 강의를 들은 학생 중 한 명이 눈에 심각한 문제가 생겼습니다. 그는 낭시 학파Nancy 學派(프랑스 도시 낭시를 중심으로 활동했던 학파로, 현대 최면학계의 근본이 됨. 관념 운동 반응 기법을 만들어 무의식적인 관념이 근육 움직임에 영향을 미친다는 것을 과학적으로 증명함)의 기법을 배워서, 쉽게 기억할 수 있는 문구나 진술을 취해 자장가처럼 거듭 반복했습니다.

그 학생은 매일 잠자리에 들기 전, 수면 상태와 비슷한 명상을 했습니다. 그는 안과 의사에게 집중했습니다. 의사가 앞에 있다고 상상했고, 자신을 향해 이렇게 분명히 말하는 소리를 듣고 있다고 상상했습니다.

"기적이 일어났습니다!"

그는 이 말을 잠들기 전, 약 5분 동안 되풀이해서 들었습니다. 이 말을 3주째 반복했을 때, 이전에 눈을 검사했던 안과의사에게 갔습니다. 의사가 말했습니다.

"이건 기적입니다!"

무슨 일이 일어난 걸까요? 그는 생각을 전달하고 확신시키는 도구나 수단으로 의사를 사용하여 잠재의식에 감동을 주었습니다. 또, 반복과 믿음, 기대감을 통해 잠재의식에 깊은 인상을 주었습니다.

그의 잠재의식이 눈을 치료했습니다. 잠재의식 안에 완벽한 패턴이 있어서 눈을 치유한 것입니다. 이것은 마음이 일으킨 기적의 예입니다.

조셉 머피의 '기적의 한마디'

1. 질병의 원인과 치유의 근원은 모두 마음에 있습니다.
2. 치유는 믿음이라는 정신적 태도에서 시작됩니다.
   이는 확신에 찬 기대감이 잠재의식에 암시로 작용해 치유의 효능을 풀어놓는 것입니다.
3. 당신의 몸에 대해 잘 아는 깊은 자아, 즉 잠재의식에 문제를 넘기고, 잠재의식이 해결책을 알려줄 것이라고 굳게 믿으십시오.
4. 문제가 해결된 상황을 느끼십시오. 그 느낌이 바로 잠재의식이 표출되는 척도입니다.

3

나쁜 습관을
단번에 떨쳐버리는 법

알코올 중독자의 특징

알코올 중독자는 정신적으로 아파서 정신과 결부된 정밀 검사가 필요합니다. 평소 주사가 있거나 습관처럼 술을 마시거나 술에 취하는 사람은 보통 사람들처럼 술을 적당히 마시지 않습니다. 주사를 부리는 사람은 만성적 알코올 중독자입니다. 이들은 며칠이나 몇 주, 심지어는 몇 달째 연이어 술을 마시기도 합니다.

알코올 중독자는 술을 마시고자 하는 격정에 주기적으로 사로잡힌다고 합니다. 그런 사람은 습관의 피해자입니다. 왜냐하면, 취하는 행동을 반복해 그런 행동이 잠재의식 속에 하나의 주관적 패턴으로 형성되기 때문입니다.

알코올 중독자는 이미 자신의 갈망에 한 번 굴복했기 때문에, 또 굴복하게 될 것을 두려워합니다. 이것이 잠재의식에 암시로 작용하여, 반복적으로 넘어지게 됩니다. 알코올 중독자는 상상력 때문에 약간 시차를 두고 되풀이하여 술을 마십니다. 그의 잠재의식에 새겨진 이미지가 결과를 낳기 때문입니다.

그는 연거푸 술잔을 채우고, 비우는 장면을 상상하며, 편안함과 즐거운 감정, 긴장이 풀리는 느낌이 뒤따라오는 것을 공상합니다. 만일 이와 같은 상상력이 제멋대로 펼쳐지게 그냥 두면 그는 또다시 술집으로 가거나 술을 사러 나갈 것입니다.

술꾼은 그 버릇을 극복하기 위해 노력하고, 정신력으로 버티려고 합니다. 하지만 절제하려고 노력하고, 정신력을 보일수록 위험한 상황에 놓여 더 큰 절망에 사로잡힙니다.

노력은 우리에게 좌절감을 주고, 원하는 일에 역행하게 합니다. 그 이유는 명백합니다. 버릇을 고칠 때, 무력하다는 암시가 그의 마음을 지배하기 때문입니다.

잠재의식은 언제나 우세한 생각에 지배받습니다. 모순되는 두 개의 제안 중 더 강한 것을 받아들이지요. 금주나 절제를 하려면 힘들이지 않고 수월하게 하는 방법이 가장 좋습니다. 그 방법에 대해 지금부터 자세히 알아봅시다.

알코올 중독자가 되는 과정

"한 잔 마시면 그다음부터는 본격적으로 마시게 된다"라는 말이 있습니다.

여기 알코올 중독자가 첫 잔을 마십니다. 십중팔구 그 사람은 의식을 잃을 때까지 술을 마실 것입니다. 알코올 중독자가 일반적으로 취하는 과정을 따라, "다시는 안 마시겠어!", "다음에 또 술 마시면 그땐 이름을 바꾸겠다!" 등 온갖 약속을 합니다. 그러나 그런 말은 아무 소용이 없습니다. 그저 자신이 내뱉은 말을 또 지키지 못하게 되었다는 죄책감과 지독한 회한, 절망감이 엄습할 뿐입니다. 때로는 자신을 신체적으로 망가뜨려 일시적으로나마 금주를 시도할 때도 있습니다.

정말이지 알코올 중독자는 정신적, 육체적으로 고통스럽습니다. 손 떨림과 경련이 불안한 그의 마음을 나타냅니다. 때론 불면증을 앓기도 합니다. 또, 친구를 잃고, 가족에게도 버림받으며, 위신과 명성, 지위를 잃게 됩니다. 상습적 거짓말쟁이가 되는 경우도 빈번합니다. 종종 노숙자가 되기도 하지요.

주변 사람들에게는 "왜 그럴까?", "알코올 중독을 고칠 생각은 없을까?" "매일 술에 의탁하면 저 사람 건강은 괜찮을까?" 등 의문이 생길 것입니다.

알코올 중독자가 건강을 잃는 일반적인 이유는 다양합니다. 가장 흔한 이유가 열등감, 소외감, 두려움, 불안감, 일에 대한 무능함, 미지의 두려움, 삶에 대한 걱정, 책임감 결여 등입니다.

소위 원인이라 손꼽을 수 있는 것은 많습니다. 곰곰이 생각해보십시오. 만일 당신이 알코올 중독자라면, 그렇게 되기까지 얼마나 많은 시간과 돈을 썼겠습니까? 알코올 중독자가 되려면 아마도 1년 이상의 시간과 많은 돈이 들어갔을 것입니다.

원인이라 여기는 것을 찾았다면, 그것에 화려한 이름을 붙여보십시오. 그다음에는 어떻게 하겠습니까?

당신이 알코올 중독자가 된 원인을 제가 알려주었다고 해도, 당신은 절제하지 못할 것입니다.

여기에 취하지 않고 마음의 평화를 얻으며, 정상적인 삶을 사는 방법이 있습니다. 어쩌면 저의 지적은 당신의 견해와 상반될지도 모릅니다.

당신이 술 마시는 원인은 바로 당신 때문입니다. 모습은 당신의 비뚤어진 정신 상태를 드러냅니다.

당신이 술을 마시는 원인

당신의 세계를 결정하는 것에는 생각, 감정, 신념 그리고 인생에서 당신이 동의하는 것 등이 있습니다. 당신의 세계란 당신의 몸, 일, 삶에 대한 반응, 건강, 재정, 인생의 모든 수준을 의미합니다.

생각은 삶과 사람과 문제에 대한 정신적 반응을 굳히고, 응축하며, 주변 세계를 만듭니다. 또 생각은 감정을 낳습니다. 습관적으로 하는 생각은 불행/행복, 건강/고통, 성공/깊은 좌절감, 균형 잡힌 마음/긴장감과 불안을 가져옵니다. 당신이 알코올 중독자가 되거나 냉철한 마음을 유지하는 사람이 되는 차이는 생각입니다.

제가 이 책을 쓴 목적은, 지혜와 힘의 원천인 '잠재의식 작용을 널리 알리는 것'입니다. 잠재의식은 가장 강력한 정신적 발전기입니다. 잠재의식은 당신이 생각으로 깊이 새긴 것을 밖으로 표출해, 생각하고 느낀 대로 당신 인생의 모든 부분에서 그대로 드러납니다.

당신이 잠재의식에 집어넣은 생각들은 바로 당신이 술을 마시는 원인이 됩니다. 그러니 술 마시는 원인을 다른 데서 찾으려고 애쓸 필요가 없습니다. 그러니 다른 사람을 탓하며, 그들에게 화살을 돌리지 마십시오.

거듭 강조합니다. 당신이 술 마시는 원인은 바로 당신 때문입니다. 인생과 사람들, 세상에 대한 전반적인 당신의 생각과 신념 때문입니다. 일정 기간에 걸친 모든 생각은 잠재의식에 흡수되고, 그 생각이 만든 이미지대로 환경이 구축되며, 그대로 표출됩니다.

문제를 인정하고 회피하지 마라

당신은 당신 안에 있는 무한한 힘의 보고이자 치유 능력인 잠재의식에 대해 제대로 알아야 합니다.

만약 당신이 알코올 중독자라면, 그 사실을 인정하십시오. 문제를 회피하지 마십시오. 많은 사람은 진실을 인정하지 않습니다. 그러니 계속 알코올 중독자로 남는 것입니다.

질병은 일종의 불안정이자 내적 두려움입니다. 그래서 술 마시며 삶을 직시하지 않고, 술을 통해 책임을 회피하려는 것입니다. 흥미롭게도 알코올 중독자에게는 자유 의지가 없습니다. 그런데도 그들은 자신에게 자유 의지가 있다고 생각하고, 정신력에 대해 호언장담합니다. 술꾼은 "더는 술에 입도 대지 않겠다"라고 호기롭게 말합니다. 그러나 그에게는 그럴 만한 능력이 없습니다. 자기에게 그런 능력이 어디에 있는지 잘 모르기 때문입니다.

알코올 중독자는 자신이 만든 정신적 감옥에서 살고, 자신의 신념과 견해, 교육, 환경적 영향에 묶여 있습니다. 그 역시 대부분의 자유 의지가 없는 사람과 같이 습관의 노예이고, 자기 방식대로 반응하게끔 길들었습니다.

고통에서 벗어나는 원리

알코올 중독자는 자유와 평화의 사고방식을 확립하고, 잠재의식에 들어가게 해야 합니다. 완전한 힘을 가진 잠재의식만이 그를 술을 향한 갈망에서 벗어나게 할 것입니다. 그리고 그는 마음이 어떻게 작용하는지 새롭게 이해하고 나서야 정말로 자기주장을 뒷받침하고, 자신에게 입증할 수 있습니다.

잠재의식은 신념과 습관에 좌우됩니다. 만일 알코올 중독자가 중독에서 벗어나기를 간절히 원한다면, 이미 51퍼센트 정도는 치유된 것입니다. 계속 음주하던 습관을 버리고 싶은 갈망이 더 크다면, 알코올 중독에서 벗어나는 데 그리 큰 어려움을 겪지 않을 것입니다.

알코올 중독자는 마음을 재조정해야 합니다. 마음을 재조정하는 수단과 방법이 있습니다. 선한 생각을 하면 선이 따라오고, 악한 생각을 하면 악이 따라옵니다. 슬픈 일을 생각하고 곱씹으면, 슬프고 우울한 일을 겪습니다. 사업에서 평화와 행운을 생각하고 곱씹으면, 번창할 것입니다. 이런 마음의 원리를 알아야 새로운 영감과 새로운 믿음에 사로잡힐 수 있습니다.

마음에 어떤 생각의 닻을 내리든 마음은 그것을 확장한다는 사실을 알아야 합니다. 알코올 중독자가 마음을 자유(습관에서 자유)와 평화로 채우고, 새로운 관심거리에 집중한다면, 마음은 자유와 평화의 개념을 서서히 느낌과 감정으로 만듭니다. 이렇게 정서화된 아이디어는 무엇이든 잠재의식에 수용되고 새겨집니다.

알코올 중독자라면 자신이 겪는 고통에서 좋은 것이 나올 수 없다는 사실을 깨달아야 합니다. 알코올 중독자로 남는 것은, 오직 몸과 마음의 악화와 쇠약을 유발할 뿐입니다. 이제부터 음주 충동을 느낄 때마다 "안 돼!"라고 말하십시오. 잠재의식

안에 있는 능력이 당신을 지지하고 있다는 사실을 깨달으십시오. 우울증에 사로잡히고 몸이 떨린다 해도 다가올 기쁨과 자유를 상상하십시오. 이것이 대체의 법칙입니다.

상상력이 당신을 술병으로 이끌었습니다. 이제는 그 상상력이 마음의 자유와 평화로 이끌게 하십시오. 조금 고통을 겪겠지만, 그것은 건설적인 목적을 위해서입니다.

생각이 당신을 통제한다

'생각은 당신을 통제합니다'라는 말을 이제 당신은 이해할 수 있을 것입니다. 당신이 새기는 생각에 대해 잠재의식이 온전히 받아들이고 있다는 것을 말입니다. 그러므로 앞으로는 당신 스스로 통제할 수 있습니다. 마음을 훈련한다는 것은 건설적이고 조화롭게 생각한다는 뜻입니다.

첫 잔을 마신 후부터 술에 대한 욕구는 더이상 육체적 갈망이나 충동이 아니라, 순전히 정신적 또는 잠재의식의 충동이 됩니다. 이것은 "더 마셔요! 더 마셔요!"라고 계속 권하는 정신적 바텐더를 잠재의식에 앉혔기 때문입니다. 물론, 더 마시라는 제안이나 오랜 습관이 잠재의식에 깊이 새겨졌기 때문입니다.

알코올 중독자는 자기 인생에서 갈망을 실현하지 못해 항상 좌절합니다. 행복한 삶이나 목표에 도달할 수 있는 능력이 자신에게 있다는 사실을 모르기 때문입니다. 그저 자신을 표현하는 재능이 없다고 믿은 채 너무 오래 힘겹게 일했습니다. 그 좌절의 열매가 비정상적인 음주입니다. 모든 씨앗(생각)은 종류대로 열매를 맺습니다. 알코올 중독을 일으킨 잠재의식이 이제는 그를 치유할 수 있습니다.

아이디어를 각인하는 3단계

다음과 같은 심리적인 기법을 적용하면 마음의 평화를 얻을 수 있습니다.

- 1단계: 안락의자에 앉거나 소파에 누워, 잠시 쉬는 시간을 보냅니다. 졸리고 나른한 상태로 들어갑니다. 이렇게 긴장을 풀고, 조용하고 수용적인 심리 상태에서 잠재의식으로 들어가 최면 공식을 사용합니다.
- 2단계: 나른한 생태에서 잠재의식을 향해 말합니다. **"나는 이 습관에서 벗어나 마음이 평화롭다."**

이제 평화로워진 감정과 기쁨에 빠져듭니다. 이 과정을 반복합니다.

- 3단계: 사랑하는 사람이 지금 당신 앞에 있다고 상상합니다. 그 사람은 의사나 아내 또는 남편일 수 있습니다. 사랑하는 사람이 당신에게 하는 말을 듣습니다.

"축하해요!"

이 말은 완벽한 절제와 마음의 평화를 의미합니다. 다시 말해, 습관에서 완전히 평화로워졌음을 뜻합니다. 당신이 기분 좋게 반응할 때까지 이 말을 반복해서 듣습니다. 그리고 기뻐합니다.

낮에 이 과정을 따라 하다가 잠이 들어도 괜찮습니다. 하루에 서너 번씩 이 과정을 따라 하십시오. 그러면 자기 전에 "축하해"라는 말을 들으면서 안심하고 잘 수 있습니다.

이 말은 완전한 치유를 암시합니다. 반복하면 그 생각이 잠재의식으로 들어가고, 술 마시고 싶은 모든 갈망이 사라질 것입니다.

이 방법은 공상이나 백일몽이 아닙니다. 마음속 이미지가 현실이 아니라고 생각할 때만 백일몽이 되는 것입니다. 잠재의식에 이런 암시를 주고 마음 깊은 곳에 잉태할 씨를 심었다면, 의심이나 두려움, 우울감 같은 것이 어김없이 마음의 문을 두드릴 것입니다.

그러나 당신은 정신의 법칙을 가동하고 있고, 정신적으로 씨를 뿌린 곳에서 실제로 꽃이 피어난다는 사실을 잘 알고 있습니다. 두려움과 절망이라는 부정적인 생각을 해서 씨가 자라는 것을 방해하지 마십시오. 이런 내면의 이미지를 하루에 여러 번 작동시키십시오. 잠재의식 안에 부정적인 생각을 노출하지 마십시오. 의심과 두려움, 걱정, 우울증이 솟아오를 때면 당신이 잠재의식 속에 찍어 놓은 좋은 이미지를 조용히 떠올리십시오.

여정 가운데 만나는 모든 장애와 유혹은, 마음을 목표에 고정하여 극복할 수 있습니다. 마음의 법칙을 믿고 끈기를 발휘하면 새로 찾은 자유의 기쁨과 절제의 전율, 마음의 평화를 경험하게 될 것입니다.

제가 35세 때 목격한 최악의 알코올 중독자도 이 방법으로 치유되었습니다. 저는 그 사람에게 매일 잠들기 전에 '자유'라는 단어를 반복해서 말하라고 했습니다. 바로 그날, 그는 잠들기 전 약 30분 동안 '자유'를 거듭 말했습니다.

다음 날 아침에 그는 완전히 치유되었고, 지금은 다른 사람들에게 마음의 법칙을 가르치고 있습니다.

당신의 내적 이미지를 믿으십시오. 그러면 결실을 얻을 것입니다.

조셉 머피의 '기적의 한마디'

~~~~~~

1. 알코올 중독의 원인은 바로 당신! 당신이 잠재의식에 집어넣은 생각 때문입니다.
2. 문제를 직시하고 해결되기를 간절히 원하세요.
   건설적이고 조화롭게 생각하며, 당신 마음속에 절제와 조화의 아이디어를 각인하세요.

4

끌어당김의 법칙

시작하지 않으면 변화란 없다

이혼하지 않으려면 결혼하지 말아야 합니다. 처음부터 결혼하지 않으면, 이혼을 걱정할 필요 없습니다. 내면에 있는 힘에 대한 무지는 결혼 생활 중에 발생하는 사고나 사건의 원인이 됩니다.

결혼하고 싶다면 상대방의 마음을 얻는 법을 배우세요. 가령 남편감을 찾고 있는 여성이라면, 당신이 결혼하지 못하는 온갖 이유를 되뇌지 말고, 행복한 결혼을 할 수 있는 이유를 되뇌십시오. 당신의 사전에서 '할 수 없다'라는 말을 뿌리 뽑으십시오. 스스로 할 수 있다고 믿는 사람은 할 수 있습니다.

상대방을 끌어당기는 비밀

이제 당신은 잠재의식 작동 방식에 대해 잘 알게 되었을 것입니다. 당신이 잠재의식에 새기는 것이라면 무엇이든 당신의 세계에서 그대로 경험하게 될 것입니다. 이제부터 잠재의식에 당신이 높이 평가하는 배우자의 자질과 특성을 새기십시오. 그 방법은 다음과 같습니다.

우선, 긴장을 풀고 잠재의식을 향해 이렇게 말하십시오.

"지금 나는 정직하고 진실하며, 충실하고 친절하다. 또, 신실하고 성공한 남자의 마음을 끌어당긴다. 그는 평온하고 행복하다. 이런 자질들이 지금 나의 잠재의식으로 들어온다. 내가 이 자질들을 깊이 생각하면, 그것들은 내 일부가 된다. 저항할 수 없는 끌어당김의 법칙이 있고, 나는 내 잠재의식의 신념에 맞는 사람을 끌어당긴다. 나는 내 잠재의식이 진실이라 느끼는 것을 끌어당기는 힘이 있다.

나는 잠재의식에 새긴 상대에 대한 인상과 느낌, 신념에
꼭 맞는 사람을 끌어당길 것이다."

이렇게 잠재의식에 깊이 새기는 과정을 훈련하십시오. 그러
면 거부할 수 없고, 변함없는 잠재의식의 법칙에 따라 두 사람
이 만나도록 잠재의식의 지혜가 길을 열어줄 것입니다.

마음과 마음이 결합해야 한다

결혼은 사랑에 의한 행위여야 합니다. 정직과 진실함, 친절, 성
실이 바로 사랑의 형태입니다. 두 사람은 서로에게 전적으로
정직하고, 진실해야 합니다. 만일, 상대의 돈이나 사회적 지위
를 노리거나 또는 자존심을 세우기 위해 결혼한다면, 그것은
참된 결혼이 아닙니다. 그 결혼에는 진실과 정직이 없기 때문
입니다.

결코 결혼은 감정으로 하는 것이 아닙니다. "나는 일하느라
지쳤어. 안정감이 필요하니 이제 결혼하고 싶어"라고 말하는
사람이 있다면, 그 사람은 전제가 잘못되었습니다. 그 사람은
마음의 법칙을 바르게 사용하고 있지 않습니다. 안정감은 의식

과 잠재의식 간의 상호 작용과 그 적용 방법을 아는 것에 좌우되기 때문입니다.

건강과 평화, 기쁨, 영감, 안내, 사랑, 부, 안전, 행복을 비롯해 세상의 어떤 것도 상대에 의해 좌우되지 않습니다. 안정과 마음의 평화는 자신 안에 존재하는 내면의 힘을 아는 지식과 건설적인 방법으로, 마음의 법칙을 꾸준히 사용함으로써 옵니다. 돈이나 어떤 사람을 얻기 위해 결혼하는 것은 당연히 어리석은 짓이자 가식입니다.

결혼하려는 사람은 진실한 사랑이나 일체감이 압도한다는 의미에서 주관적으로 연결될 것입니다. 다시 말해, 두 사람의 마음은 사랑과 자유, 존중으로 연결됩니다.

예를 들어 보겠습니다.

어떤 부부가 있었습니다. 여자는 결혼 후 남자가 약물 중독자인 것을 알게 되었습니다. 설상가상으로 남자는 구직을 포기했습니다.

여자는 마음으로 그 남자를 끌어당긴 것은 사실이지만, 그렇다고 해서 자신의 기분이나 무지로 인해 초래된 비참한 환경에서 계속 살아야만 하는 것은 아닙니다. 그녀가 잠재의식을 바르게 사용했더라면 그런 일은 일어나지 않았을 것입니다.

(만일 당신이 길에 떨어진 바나나 껍질을 밟고 미끄러졌을 때, 자신을 탓하며 그대로 누워 있는 것은 어리석은 행동일 것입니다. 이럴 때 당신은 곧장 일어나 가던 길을 계속 갈 것입니다.)

결국, 여자는 그 남자를 떠났습니다. 참고 견디기만 해서 될 상황이 아님을 깨달은 것이지요.

분명 그녀는 마음과 정신이 자신과 크게 다른 남자와 함께 살아야만 하는 것은 아닙니다. 두 사람을 끈으로 묶을 수는 있어도 둘의 생각과 감정, 관점 차이가 클 수 있습니다.

부부의 정신과 마음이 다른 곳에 있다면, 이미 정신적으로 헤어졌다고 볼 수 있습니다. 그런 상황에서 부부가 함께 지내는 것은 모든 면에서 혼란을 가져옵니다.

결혼은 두 사람의 마음이 하나가 되는 것입니다. 마음이 사랑과 평화 안에서 결합하지 않으면, 결혼이란 존재할 수 없습니다.

두 사람을 서로에게 이끌고 사랑하게 만든 마음가짐은, 결혼 생활이 지속될 수 있게 유지되고 강화되어야 합니다. 두 사람 사이에 생긴 불화와 언쟁으로 인해 마음에 분노나 적대감 같은 부정적인 관점이 생기면, 그 사람은 잘못된 생각과 연결됩니다. 이는 행복한 결혼 생활에 나쁜 영향을 끼칩니다.

부부의 사소한 언쟁이나 다툼이 결혼 생활을 훼손하지는 않습니다. 지속된 원한과 악감정이 해를 끼치는 것입니다. 아내와 남편은 늘 서로의 사소한 잘못이나 실수를 지적하는 행위는 멈춰야 합니다. 서로의 말에 귀를 기울이고, 긍정적이고 훌륭한 면을 칭찬해주십시오.

무슨 일이 있어도 해서는 안 되는 말

주위 사람들에게 결혼 생활의 문제나 어려움에 대해 말하는 것은, 매우 잘못된 일입니다. 왜냐하면, 자기 배우자의 품위를 떨어뜨리고, 상대를 업신여기는 행동이기 때문입니다.

부부 문제는 전문 상담가 외의 다른 누구에게도 발설하지 말아야 합니다. 왜 많은 사람이 당신의 결혼 생활을 부정적으로 생각하게 만듭니까?

두 사람이 살면서 기질이 충돌하거나 상처를 주고받거나 긴장하는 시기 없이 평온하게 사는 일은 드물다는 점을 기억하십시오.

다툼을 남에게 알리지 마십시오. 배우자를 비판하고 비난하는 일도 삼가십시오.

만일 결혼 생활에 문제가 있다면, 당신이 원하는 것을 구체적으로 생각하십시오. 그리고 당신은 그 목표를 이룰 수 있다는 사실도 아십시오. 당신은 다른 어떤 문제와 마찬가지로 부부 사이의 일도 해결할 수 있습니다.

"저는 이혼을 원하고, 저 사람은 이혼을 원치 않습니다. 계속 서로 자기 입장만 주장하면 어떻게 될까요?"라는 질문을 받곤 합니다. 그런 경우에는 정신적인 주도권 싸움이 격렬할 것입니다. 곧 가정이 둘로 갈라지거나 무너질 수 있을 것입니다. 부부의 각기 다른 마음가짐이 그런 상황을 연장할 수도 있습니다.

부부 문제를 푸는 올바른 해결법은, 생각의 시선을 자신의 진짜 갈망에 두고, 자신 안에 있는 무한한 지혜를 신뢰하는 것입니다. 잠재의식의 법칙을 바르게 적용하면, 갈등이 있던 곳에 조화를 가져오고, 혼란이 지배하던 곳에 평화를 되살릴 수 있습니다.

당신 안에 있는 주관적인 지혜가 주는 안내에 귀를 기울이면, 결혼 생활에 문제가 발생하는 것을 막을 수 있습니다. 그리하여 생각과 감정으로 배우자를 칭찬하고, 고양하며, 훌륭한 자질들을 소중히 여김으로써, 결혼 생활을 아름답고 행복한 경험으로 만들 수 있습니다.

조셉 머피의 '기적의 한마디'

〰〰〰〰〰〰〰〰〰〰〰〰〰〰〰〰〰〰〰〰〰〰〰

1. 당신이 잠재의식에 새기는 것은 모두 그대로 경험하게 됩니다. 원하는 배우자의 자질과 특성을 마음에 새기면, 그런 사람을 만날 수 있습니다.

2. 부부는 마음이 계속 연결되어야 사랑과 결혼 생활을 유지할 수 있습니다.

3. 당신의 주관적인 지혜의 말에 귀 기울이면, 문제가 생기는 것을 막을 수 있습니다.

JOSEPH MURPHY

— 제2장 —

부를
끌어들이는 법

1

부자가 될 권리

돈은 늘 부족하다

우리는 풍요롭게 살면서 자유와 기쁨, 행복을 누리고 싶어 합니다. 이런 삶을 살기 위해서는 많은 돈이 필요합니다. 부자를 부러워하고 선망하는 것은, 지금보다 더욱 풍족하며 멋지고 행복한 삶을 향한 갈망입니다. 이는 우주의 보편적인 욕망이기도 합니다.

돈의 진정한 의미, 즉 교환의 상징으로 의미를 보십시오. 돈은 결핍에서 해방을 의미하고, 아름다움과 호화로움, 풍요, 품위를 의미합니다.

저는 많은 사람이 자신이 속한 일터에서 충분히 보상받지 못하고 있다고 생각합니다. 이렇게 생각하는 이유 중 하나가, 사람들이 묵시적으로나 공공연하게 돈을 비난하기 때문입니다. 예를 들면, 사람들은 돈을 "부정하다"라고 말하거나 "돈을 사랑하는 것은 모든 악의 뿌리다"라고 믿습니다.

돈은 하나의 상징입니다. 교환 수단으로 쓰인 돈은, 수 세기를 거쳐 소금이나 빵, 장신구 등과 같이 다양한 형태를 거쳐 지금 모습으로 바뀌었을 뿐입니다.

돈은 악하지도 더럽지도 않다

돈에 관한 미신들을 당장 버리십시오. 다시는 돈을 악이나 더러운 것으로 여기지 마십시오. 만일 돈을 그렇게 여긴다면, 돈은 당신에게서 도망갈 것입니다. 당신이 돈을 비난하면, 언젠가 그것을 잃게 될 수도 있습니다.

예를 들어, 당신이 땅에서 금이나 은, 납, 구리, 철을 발견했다고 합시다. 그러면 그것을 악한 것이라고 말할 수 있겠습니까?

하나님은 모든 것이 선하다고 하셨습니다. 악은 사람의 흐릿

한 이해력, 어두운 마음, 인생에 대한 잘못된 해석, 신적인 힘에 대한 오용에서 나옵니다. 우라늄, 납, 몇몇 금속은 교환 수단으로 사용할 수 있습니다.

오늘날 물리학자를 포함한 많은 과학자들은, 여러 금속이 서로 다른 이유에 대해 잘 알고 있습니다. 금속은 중심핵 주위를 회전하는 전자의 수와 운동 속도에 차이가 있어, 강력한 이온 가속 장치인 사이클로트론cyclotron을 이용하면 원자를 파괴하게 됩니다. 그래서 어떤 금속이든 다른 금속으로 바꿀 수 있습니다.

금은 일정한 조건을 갖추면 수은이 될 수도 있습니다. 화학 실험실에서 금이나 은 또는 다른 금속을 합성하기까지 아주 잠깐의 시간만 들이면 충분히 할 수 있을 것입니다. (저는 전자와 중성자, 양자, 동위원소에 악한 것이 있다고는 생각하지 않습니다.)

지폐는 전자와 양자가 특정한 방식으로 배열되어 은과 비교했을 때, 그 수와 운동 속도가 다릅니다. 오직 그것 때문에 지폐와 은이 다른 것입니다.

어떤 사람들은 "돈에 울고 돈에 웃는다"라고 말할 수도 있습니다. 돈은 수많은 범죄와 연관되어 있지만, 그렇다고 해서 나쁜 것만은 아닙니다.

예를 들어, 어떤 사람이 청부 살인을 사주하면서 돈을 건넨다면, 그는 돈을 파괴적인 목적으로 악용하는 것입니다. 같은 재료를 어떻게 쓰느냐에 따라 그것은 사람을 살리거나 죽일 수 있습니다. 전기를 이용해 사람을 죽일 수도, 집 안을 밝힐 수도 있습니다. 물로 갈증을 달랠 수 있지만, 누군가 익사할 수도 있습니다. 불로 추위를 물릴 수 있지만, 태워 죽일 수도 있습니다.

우리는 자연의 힘이나 원소가 악하지 않다는 사실을 알고 있습니다. 그것이 사람에게 유익한지 해로운지는 그것을 사용하는 사람에게 달려 있습니다. 그것의 쓰임은 선택하는 사람의 몫일 뿐입니다.

돈은 전부이고 전부가 아니다

어떤 사람이 말했습니다.

"저는 파산했습니다. 이제 돈이라면 아주 지긋지긋합니다. 그래서 돈이 싫습니다. 돈은 모든 악의 뿌리입니다."

다른 모든 것을 제쳐두고 돈만 사랑한다면, 한쪽으로 치우쳐 균형을 잃게 됩니다. 균형을 잡으려면 능력이나 권위를 지혜롭게 사용해야 합니다.

사람마다 갈망하는 것은 다릅니다. 어떤 사람은 권력을 갈망하고, 또 어떤 사람은 돈을 갈망합니다. 만일, "나는 돈만 있으면 된다. 그러니 돈을 모으는 일에만 집중할 것이다. 다른 것은 어찌 되든 상관없다"라고 한다면, 돈을 모으거나 부를 축적할 수 있습니다. 그러나 돈만을 좇는 사람은, 균형 잡힌 삶의 중요함을 잊게 됩니다.

당신이 어떤 이교異敎나 종교 집단의 광신자가 되었다고 생각해보십시오. 아마 당신은 친구나 몸담은 사회와도 멀어지게 될 것입니다. 그러면 평소에 누렸던 삶의 균형을 잃거나 억압되어, 좌절감을 느끼게 될 것입니다.

자연은 균형을 강조합니다. 당신이 외적인 일과 소유물에만 많은 시간을 쏟는다면, 언젠가는 마음의 평화와 조화, 사랑, 기쁨, 완전한 건강을 갈망하게 될 것입니다. 그제야 진정으로 중요한 것은, 돈으로 살 수 없음을 깨닫게 될 것입니다.

오직 돈만 생각하고 돈에 집착하는 사람은 부를 축적하고 많은 돈을 벌 수 있습니다. 그것은 악도 아니고 나쁜 것이 아닙니다. 그러나 다른 모든 것을 제쳐두고 돈만 사랑한다면, 결국에는 좌절과 실망, 환멸만 남게 됩니다. 그런 상황에서 돈은 악의 뿌리가 된다고 할 수 있겠지요.

당신 인생의 목표가 돈을 버는 것이라면, 정말이지 잘못된 선택을 한 것입니다. 당신이 원하는 전부가 돈이라고 생각했겠지만, 정작 당신에게 필요한 것은, 단지 돈만이 아니었음을 온갖 수고 끝에 깨닫게 될 것입니다. 당신이 진심으로 갈망하는 것은 당신의 진정한 자리와 마음의 평화 그리고 풍요일 것입니다. 당신이 원한다면 어마어마한 돈을 벌 수 있고, 그러면서도 마음의 평화와 조화, 완벽한 건강을 누리고, 신성神性을 발현할 수 있습니다.

사람들은 누구나 근근이 먹고살기보다 넉넉하고 여유롭게 생활할 정도의 돈이나 재물을 원합니다. 그리고 우리는 넉넉히 쓰고 남을 만큼 원하고, 마땅히 그렇게 가져야 합니다. 음식이나 옷, 집, 좋은 차, 표현, 번식, 풍요를 향한 욕구나 갈망, 충동은 모두 신성하고 좋은 것입니다. 하지만 이것들을 그릇되게 사용하면, 그 결과가 삶에 악이나 부정적인 경험으로 나타납니다.

원래 인간의 본성은 악하지 않습니다. 우리 안에 악한 본성이란 없습니다. 보편적 지혜와 생명이 있을 뿐입니다.

예를 들어 보겠습니다.

대학에 가고 싶어 하는 한 소년이 있습니다. 그러나 이 소년은 대학에 갈 만큼 돈이 넉넉하지 못했습니다.

소년은 '나도 공부하고 싶다'라고 생각했습니다. 학비 문제로 고민하던 소년은, 다른 사람의 돈을 훔치고, 공금도 횡령했습니다.

공부를 더 하고 싶은 소년의 갈망은 기본적으로는 선합니다. 그러나 소년이 사회 법칙이나 조화의 법칙 또는 황금률을 어김으로써 그 욕망이나 충동을 제대로 조절하지 못하면 결국 곤경에 빠지게 됩니다.

그러나 만약 소년이 마음의 법칙을 제대로 이해하고, 잠재의식을 사용할 수 있는 자신 안의 무한한 힘을 안다면, 감옥에 가지 않고 자유를 누릴 것입니다.

누가 그를 감옥에 가게 할까요? 바로 소년 자신입니다. 그를 체포해 감옥에 넣는 경찰은, 단지 그가 어긴 인간의 법을 집행할 뿐입니다.

소년은 돈을 훔치고 다른 사람에게 해를 끼침으로써 자기 자신을 마음속에 가둡니다. 그 뒤에 두려움과 죄의식이 따라옵니다. 마음의 감옥에 갇히고 나면 벽돌로 만들어진 실제 감옥이 소년을 기다리고 있습니다.

돈을 대하는 자세

돈은 부유함, 아름다움, 세련됨, 풍요의 상징입니다. 그러므로 돈을 지혜롭고, 건설적인 방법으로 사용해 사람들에게 복이 되도록 해야 합니다.

돈은 국가의 경제 상태를 나타내는 상징에 지나지 않습니다. 혈액이 잘 순환하면 건강하듯이 당신의 삶에서 돈이 잘 순환한다면, 당신은 경제적으로 건강한 상태에 속합니다. 반면, 돈을 두려워하는 마음이 커서 쟁이거나 금고에만 넣어두면 재정적으로 문제가 생깁니다.

부와 성공에 대한 아이디어를 잠재의식에 전달하고 싶으면, "나는 돈을 경멸해", "돈은 악한 것이야", "돈은 모든 악의 뿌리야" 같은 어리석은 말은 되도록 하지 마십시오. 그런 사고방식은 우리에게서 돈이 달아나게 만듭니다.

부정적인 말과 생각은 잠재의식에 대립하는 두 가지 명령을 내리는 것입니다. 그래서 이들은 하나가 다른 하나를 무효로 만들어 결국 아무 일도 일어나지 않게 합니다.

돈은 시대의 변화와 흐름에 따라 그 형태가 바뀌었습니다. 우리는 잠재의식에 확신을 줘야 합니다. 언제, 어디서나 돈이 막힘없이 순환하고, 필요할 때마다 부족하지 않게 해줄 것이라고 말입니다.

돈이란 경제적으로 건강한 삶을 위해 꼭 필요합니다. 그리고 넉넉히 있어야 합니다. 돈을 사랑하고, 우호적으로 대하십시오. 그러면 언제나 풍족하며, 메마르지 않을 것입니다.

사랑은 감정적 애착입니다. 자신이 하는 일이나 커리어를 소중히 하지 않으면, 진정으로 성공할 수 없습니다.

사랑은 언제나 확대하고 증가시킵니다. 그렇기에 부가 당신의 삶에 구체적으로 형상화될 때까지 부의 개념을 사랑하십시오. '내 인생에서 내가 사랑하는 것은 늘어나고, 내가 비난하는 것은 사라진다'라고 마음에 새기십시오.

이제 여러분도 나라 안에 돈이 막힘없이 순환할 때 그 나라의 재정 상황이 건강해진다는 기본적인 사실을 잘 알 것입니다. 이 말은, 몇 번이나 반복하고 강조해도 지나치지 않습니다.

당신의 삶에서도, 특히 마음가짐에서도 돈이 건강하게 순환하도록 하십시오. 돈은 좋은 것이라 믿고, 돈으로 할 수 있는 좋은 일을 떠올리십시오. 부가 당신에게 끊임없이 흘러들고, 당신에게서 나가는 정신적 출입구가 되게 하십시오.

부는 마음의 상태다

1929년 월스트리트 대폭락 사태^{Wall Street Crash of 1929}는 심리적 공황이어서, 전 세계인의 마음속엔 두려움만 가득한 일종의 부정적인 최면이었습니다.

우리는 객관적이면서 주관적인 세계에서 살고 있습니다. 그러므로 마음의 평화나 사랑, 아름다움, 조화, 기쁨, 웃음 같은 영적인 양식을 무시해선 안 됩니다.

영적인 힘을 아는 것은, 영적인 열망, 정신적 열망, 물질적 열망 등 모든 갈망을 포함한 부에 이르는 왕도를 깨우치는 것입니다.

마음의 법칙이나 영적 원리를 배우는 사람은, 경제적 상황과 주가 변동, 불경기나 파업, 전쟁 등 주변 환경 조건이나 상황에 관계없이 어떤 형태로든 늘 충만하게 공급받을 것이라고 믿고 있습니다. 그렇기에 그런 사람은 부를 의식할 수밖에 없습니다. 또, 그런 사람은 자기 삶에 막힘없이 흘러들어 오고, 늘 신적인 공급이 있음을 확신합니다. 제1차 세계대전 직후의 독일 통화처럼 전쟁이 임박해 자산 가치가 폭락한다 해도, 그런 사람은 통화 형태와 상관없이 여전히 부를 끌어당기고 보호받을 것입니다.

부유함은 의식 상태이자 늘 풍부한 신적인 공급에 익숙한 마음입니다.

과학적으로 생각하는 사람은 돈이나 부를, 밀려 들어왔다가 다시 밀려 나가는 조수潮水처럼 생각합니다. 그러므로 잠재의식 작동 방식을 아는 사람은, 경제공황이나 주식 대폭락, 통화 가치 하락, 통화 팽창에 대해 걱정하지 않습니다. 그런 사람은 보호막을 드리우는 존재로부터 언제나 공급받고, 보살핌을 받습니다. 신성한 존재와 의식적으로 교감할 때, 당신은 생각지 못할 정도로 번영하게 될 것입니다.

잠재의식에 지속적인 공급과 부를 새기는 방법이 있습니다. 이 방법을 실천하면, 당신은 유일한 근원으로 돌아가게 될 것입니다.

자, 지금부터 따라 해보십시오.

① 마음의 움직임을 잠잠히 가라앉히십시오.

② 긴장을 풀고, 놓아버리십시오.

③ 주의를 고정하십시오.

④ 조용하고 나른한 명상의 상태로 들어가십시오.

⑤ 모든 노력을 최소한으로 줄인 다음, 고요하고 편안하며 수동적인 상태에서 단순한 진리를 묵상하십시오.

• 주제 예시: 아이디어는 어디서 오는가?

부는 어디서 오는가?

당신은 어디서 왔는가?

이제 당신은 실제적이고도 영적인 기초 위에 섰습니다. 부가 마음의 상태라는 인식은 더 이상 지성에 대한 모욕이 아닙니다.

다음 문장을 받아들이십시오. 하루에 서너 번 4~5분씩 조용한 시간에 천천히 반복해서 읊조리십시오. 특히 잠자기 전에 하면 더욱 좋습니다.

"돈이 내 삶에 끊임없이, 막힘없이 흘러들어 온다."

이 말을 반복하면 부의 개념이 마음속 깊이 전달되고, 부에 대한 의식이 자랄 것입니다. 나태하고 기계적인 반복으로는 부에 대한 의식을 정립할 수 없습니다.

당신이 확언하는 말을 진실이라 여기십시오. 당신은 자신이 무엇을 하는지, 왜 하려는지 알고 있습니다. 당신의 깊은 자아는, 당신이 진실이라고 의식적으로 받아들이는 것에 따릅니다.

경제적으로 어려움을 겪는 사람이 갑자기 "나는 부유하다. 나는 풍족하다. 나는 성공한다"라고 확언한다고 해서 바로 잠재의식 효과가 나타나는 것은 아닙니다. 오히려 상황이 더 악화할 수 있습니다. 두 가지 견해를 가진 잠재의식이 지배적인 감정이나 기분을 먼저 받아들일 수 있기 때문입니다. 또, "나는 풍족해"라고 말해도 실제로 그 사람에게는 결핍의 감정이 더 크고, 내면으로는 "아니야, 너는 풍족하지 않아. 너는 파산했어"라고 말할 것입니다.

대부분 뭔가 부족하다는 감정이 지배적이어서 그와 반대되는 말을 확언해도 소용없습니다. 오히려 결핍의 분위기만 불러오게 됩니다. 초심자가 이를 극복하려면, 의식과 잠재의식이 동의하는 사실을 주장해야 합니다. 그러면 충돌하지 않습니다. 잠재의식은 신념과 감정, 확신, 의식적으로 진실이라 인정하는 것만 받아들이기 때문입니다. 그러므로 우리는 잠재의식이 협력할 수 있게끔 말해야 합니다.

"나는 매일 번영한다", "날마다 부와 지혜가 자란다", "나는 앞으로 나아가고 성장하며, 재정적으로도 나아질 것이다" 등과 같은 말은 마음속에서 갈등을 일으키지 않습니다.

"비록 지금은 주머니에 천 원밖에 없지만, 내일은 오늘보다 더 여유로워질 거야"라는 말에는 당신도 동의할 것입니다. 오늘 신발을 한 켤레만 팔았다고 해서 내일은 오늘보다 더 팔지 못할 거라고 생각하지는 않을 것입니다. 이런 사람은 "**나는 날마다 매출이 늘어난다. 그래서 매일 통장이 부유해진다. 나는 날마다 나아진다**"라고 말할 수 있습니다. 이렇게 확언하면, 잠재의식이 그것을 타당하게 받아들여 원하는 결과를 얻을 수 있을 것입니다.

잠재의식에 부의 생각을 새기는 법

영적으로 성숙한 학생은 조용히 마음을 담아 "**나는 번영한다. 나는 성공한다. 나는 부유하다**"라고 의식적으로 말함으로써 놀라운 결과를 얻을 수 있다는 사실을 잘 알고 있습니다. 건강, 부, 성공. 이 세 가지 추상적인 개념을 묵상하다 놀라운 결실을 거둔 사람이 많습니다.

엄청난 결과를 얻는 또 한 가지 방법은, 면도할 때 거울 앞에서 잠깐이라도 '건강, 부, 성공'을 반복해서 말하는 것입니다. 긴장을 풀고, 원하는 것을 천천히 반복해서 말하면, 마음이 잘 받아들이고 순순히 따를 것입니다.

원하는 것을 반복해서 말해보십시오. 그러면 자연스럽게 놀라운 결과가 따라올 것입니다. 또, 당신이 하는 모든 일이 시간을 초월해 변함없이 영원한 진리들과 공명共鳴하게 될 것입니다.

많은 사람은 일이 잘 풀리지 않거나 주식 시장의 폭락으로 인해 투자했던 돈을 잃을 때, 기댈 곳이 없습니다. 그래서 좋지 않은 일이 생기면, 속수무책으로 당할 수밖에 없습니다. 이처럼 그들이 불안해하는 이유는, 잠재의식의 올바른 활용법에 대해 잘 알지 못하기 때문입니다. 또, 자신 안에 있는 무궁무진한 보물 역시 알지 못합니다.

마음이 빈곤한 사람은 실제로도 빈곤에 찌들어 있습니다. 반대로, 부로 마음을 가득 채운 사람은 자신이 필요로 하는 모든 것을 가집니다.

처음부터 궁색한 삶을 원하는 사람은 아무도 없습니다. 당신은 부유하고, 필요한 모든 것을 가질 수 있으며, 유산으로 남길 수 있습니다. 또, 당신이 하는 말 중에 잘못된 생각은 깨끗이 도려내고, 그 자리에 올바른 생각으로 채워 넣는 능력도 있습니다.

사람들은 종종 "나는 몇 달 동안이나 나 자신에게 말했습니다. 부자가 되어 성공하겠다고 말입니다. 그러나 시간이 지나도 변한 것은 아무것도 없었습니다"라고 불평합니다. 나는 그들이 겉으로는 "나는 성공했고 나는 부유하다"라고 말하면서도, 속으로는 거짓말하는 것처럼 느껴졌습니다.

어떤 사람이 말합니다. "나는 성공한다고 지칠 때까지 말했습니다. 그런데 지금 상황이 더 나빠졌습니다. 실은, 성공한다고 말할 때 그것이 명백한 사실이 아님을 알았습니다."

그의 말은 의식적으로 거부당했고, 말로만 하는 주장과는 정반대의 현실이 나타난 것입니다. 자기 암시는 구체적이면서 정신적 충돌이나 논쟁이 없을 때 능히 성공합니다.

앞에 언급한 사람은 스스로 결핍을 암시했기 때문에 상황을 더욱 악화시킨 것입니다.

잠재의식은 단순한 말이 아니라 실제로 확신하고 믿는 것만 받아들입니다. 그리고 언제나 지배적인 생각이나 신념을 수용합니다.

아래 문장은 자주 말할수록 효과가 좋습니다. 그러니 실제적인 진술을 특히 잠자기 전에 자주 해보십시오.

"나는 내가 관심을 두는 모든 분야에서 성공한다."

이 말은 경제적 어려움과 관련해 잠재의식에 어떤 충돌이나 논쟁도 일으키지 않을 것입니다.

다음에 소개하는 이야기에는 내적 충돌을 극복하는 방법이 담겨 있습니다.

저는 판매 실적이 저조해서 크게 걱정하는 한 사업가에게, 사무실에 조용히 앉아 이렇게 반복해서 말하라고 제안했습니다.

"내 판매 실적은 날마다 올라간다. 나는 날마다 진보하고 성장하며, 더욱 부유해진다."

이와 같은 말은 의식과 잠재의식의 협력을 끌어내어 좋은 효과를 가져옵니다. 이것은 잠재의식에 부의 생각을 새기는, 매우 간단하면서 유일한 방법입니다.

어쩌면 이 책을 읽는 당신 역시 "나에게 부와 성공이 필요해"라고 말할지도 모르겠습니다. 만약 그렇다면 하루에 서너 번씩 약 5분 동안 "부, 성공"이라고 반복해서 말하십시오. 말에는 엄청난 힘이 있고, 잠재의식의 내적 힘을 표출합니다.

당신 안에 실재하는 이 힘에 마음을 고정하십시오. 그러면 그 특성과 본질에 상응하는 상황과 환경이 당신 앞에 나타날 것입니다.

"나는 성공한 사람이다. 나는 부유하다"라고 말만 하지 말고, 당신 안에 있는 실제적 능력부터 바라보십시오. '부'나 '성공'을 말할 때는 마음의 충돌이 없습니다. 그리고 이런 생각을 곱씹을 때 당신 안에서 부와 성공의 감정이 솟아날 것입니다.

부에 대한 의식은 계발할 수 있습니다. 지금까지 소개하고 설명한 원칙들을 실행하십시오. 그러면 사막처럼 메말랐던 마음에 기쁨이 일고, 꽃이 필 것입니다.

자기 암시의 힘

여러 해 전, 저는 오스트레일리아에서 외과 전문의를 꿈꾸던 청년과 일한 적이 있습니다. 그 청년은 돈이 없어 고등학교도 졸업하지 못했습니다. 그 청년은 돈을 벌기 위해 진료실을 청소하고, 유리창을 닦고, 잡다한 일을 했습니다.

그는 매일 밤 잠자리에 들기 전에 벽에 걸린 대학 졸업장을 바라보았습니다. 그 졸업장에는 큰 글씨로 청년의 이름이 적혀 있었습니다.

그는 병원에서 일을 하는 도중에도 마음속으로 자기 이름이 적힌 졸업장을 닦고 윤을 내고 바라보았습니다. 청년이 그처럼 이미지로 그려보는 일을 얼마나 오래 했는지 정확히는 알 수 없지만, 분명 몇 달은 족히 했을 것입니다. 그러던 어느 날, 좋은 일이 생겼습니다.

어떤 의사가 그 청년을 보고는 몹시 마음에 들어 했습니다. 그래서 청년에게 의료 기구 살균법과 피부밑 주사 놓는 방법 등 보조 업무를 가르친 다음, 조수로 채용했습니다. 심지어 사비를 들여 고등학교와 대학까지 보내 주었습니다.

현재 그 청년은 캐나다에서 탁월한 의사로 활동하고 있습니다. 그는 마음에 그렸던 구체적인 이미지대로 꿈을 이루었습니다. 그 청년에게는 부가 바로 그의 마음속에 있었던 것입니다.

부란 일반적으로 우리의 생각과 갈망, 재능, 유용성에 대한 욕구이자 인류와 사회에 보탬을 주는 재능과 능력, 인간애이기도 합니다.

위에서 소개한 청년은 이 대법칙을 무의식적으로 작동시킨 것입니다. 영국 작가인 토머스 트로워드Thomas Troward는 이렇게 말했습니다.

"우리는 결과를 봄으로써 그 결과를 실현하는 방법을 의지적으로 행합니다."

그 청년의 목표는 의사가 되는 것이었습니다. 그래서 수시로 자신의 미래를 상상하고, 보고, 느꼈습니다. 청년은 스스로 자신의 꿈을 이루도록 길을 닦은 것입니다.

청년은 마음속에 부의 아이디어를 심었으며, 생각에 반응하는 영적인 힘을 사용해 꿈을 이루었습니다.

기도에 응답 받는 방법은, (가끔 직감으로 그 과정 일부를 감지하는 경우를 제외하면) 언제나 숨겨져 있습니다. 당신이 할 일은 오직 마음으로 그 결과를 상상하고 수용해서, 내면의 주관적 지혜가 현실 세계에 펼쳐지게 하는 것입니다.

부를 실현하는 말

만약 당신이 여유롭지 못한 경제 사정으로 인해 근근이 살고 있다면, 당신의 잠재의식은 (당신이) 풍족한 삶을 살 수 있다는 사실을 확신하지 못하고 있기 때문입니다.

단시간만 일하면서도 큰돈을 버는 사람들이 있습니다. 그들은 분투하거나 고되게 일하지 않습니다.

인생에서 성공하는 유일한 방법은, '구슬땀을 흘리며 일하는 것'이라는 말을 믿지 마십시오. 사실은 그렇지 않습니다. 되도록 크게 힘들이지 않으면서, 돈을 많이 벌 수 있는 것이 가장 좋습니다.

좋아하는 일을 하되, 기쁨과 전율을 느끼면서 하십시오. 노래하면서 일하십시오. 좋아하는 일을 한다면(또는 할 수만 있다면) 그렇게 될 것입니다. 그리고 자신이 하는 일을 좋아하다 보면 언젠가 그 분야에서 성공할 수도 있습니다.

여기에 매우 높은 급여를 받는 경영자가 있습니다. 작년에 그는 10개월간 크루즈 여행으로 세계 곳곳을 다녔습니다. 그는 평소 매월 받는 급여에 만족했습니다. 그리고 자신은 그만한 돈을 받을 자격이 있다는 확신을 잠재의식에 심었습니다.

그는 사무실에서 같이 일하는 사람 중에 자신보다 업무 지식이 많고, 관리 능력도 뛰어난 사람이 많이 있다고 했습니다. 그러나 그들은 적은 돈을 받고 일하면서도 발전하려는 야망이나 새로운 아이디어가 없다고 말했습니다.

돈은 개인의 몫에 대한 잠재의식의 강한 신념입니다. "나는 백만장자다. 나는 백만장자다"라고 말한다고 해서 백만장자가 되는 것이 아닙니다. 꾸준히 잠재의식 속에 부와 성공의 신념을 정립해 부에 대한 의식을 자라게 해야 합니다.

예전에 최저 시급을 받던 학생이 현재는 고액 연봉을 받는 매니저가 되었습니다. 이렇게 되기까지 긴 시간이 걸리지 않았습니다. 그는 매일 면도할 때마다 거울을 보면서 자신에게 말했습니다.

"너는 부자다. 너는 성공한다!"

그렇게 얼마간 시간이 흘렀을 때, 갑자기 승진하는 대운을 맞이하게 되었습니다. 그는 수많은 영업 사원을 거느린 매니저가 되었습니다.

우리는 면도할 때 자연스레 긴장을 풉니다. 앞에서 말한 것처럼 반복해서 말함으로써 잠재의식에 관념을 전달할 수 있습니다.

당신이 부자가 되어 기쁩니다

마음이 어떻게 작동하는지 원리를 깨달으면 당신의 삶은 더욱 나아집니다. 당신이 하는 생각과 느낌은 당신의 운명이 됩니다. 당신은 의식의 권한으로 모든 것을 소유할 수 있습니다. 건강을 의식하면 건강해지고, 부를 의식하면 부를 갖게 됩니다.

어쩌면 당신은 세상이 (당신을) 거부하는 것 같은 느낌을 받을 수 있습니다. 그래서 당신이 바라는 것을 부정하거나 반대하는 것 같고, 감정 역시 당신을 무시하거나 비웃는 것 같다는 생각에 사로잡힐 수도 있습니다.

만약 당신이 새로운 일을 하겠다고 친구에게 말하면, 그 친구는 당신이 반드시 실패할 수밖에 없는 온갖 이유를 댈지도 모릅니다. 이때 당신이 친구의 최면성 주문을 허용하면, 그 친구는 당신의 마음속에 새로운 일을 실패할 수도 있다는 나쁜 생각을 서서히 주입할 것입니다.

이제 당신은 유일하고 눈에 보이지 않으며, 생각에 반응하는 '영적인 힘'을 알게 되었습니다. 그러니 세상의 어둠과 무지를 거부하고, 성공에 필요한 모든 조건과 힘 그리고 지식을 소유하고 있다는 사실을 잊지 마십시오.

부에 이르려면 다른 사람들에게 방해물이나 장애물이 되어서는 안 됩니다. 또, 다른 사람들을 질투하거나 시기해서도 안 됩니다. 이런 부정적인 마음을 품으면, 자신에게 상처를 입히거나 해를 끼치게 됩니다. 왜냐하면, 당신이 부정적인 생각을 하고, 부정적인 것을 느낄 것이기 때문입니다.

큄비는 "당신이 다른 사람에게 주는 암시는 사실, 당신 자신에게 주는 것이다"라고 말했습니다.

"그 친구는 부정하게 돈을 벌었어", "그는 사기꾼이야"라는 말을 자주 하는 사람은 대부분 가난하거나 재정적 또는 육체적으로 문제가 있습니다. 어쩌면 그들을 제외한 다른 사람들은 그들보다 출세했거나 이미 다른 부분에서 앞서가고 있을지 모릅니다. 그래서 남을 욕하는 사람들은 그들끼리 분개하고, 친구들의 성공을 시기합니다. 그리고 이런 태도는 자신이 망하는 원인이 되기도 합니다. 다시 말해, 다른 사람들을 부정적으로 여기거나 그들이 가진 부를 비난하는 행동은, 당신이 바라는 부와 성공을 달아나게 합니다.

다른 사람을 비난하는 사람은 "나는 저 친구가 부자가 된 게 분해"라고 말하는 것과 같습니다. 그러니 항상 다른 사람을 축복하고, 그의 성공과 번영을 기뻐하십시오. 그렇게 할 때 당신은 스스로를 축복하고 성공하게 됩니다. 또, 풍요가 그를 통해 표출되는 일을 기뻐하고 크게 축하하십시오. 그렇게 함으로써 당신은 당신이 바라는 일을 축복하고 찬양하게 됩니다. 우리는 우리가 축복하는 것을 배가하고, 비난하는 것을 잃지 않기 때문입니다.

작용과 반작용

어쩌면 당신은 업무량에 비해 적은 월급을 받으면서 제대로 평가받지 못하는 것 같다는 생각이 들어 억울할 수 있습니다. 또는, 지금보다 더 많은 월급을 받으면서 능력도 인정받고 싶은 욕구가 강할 수도 있습니다. 계속 이런 생각이 든다면, 당신은 잠재의식으로 당신이 다니는 회사와의 관계를 끊고 있는 것입니다. 그렇게 하나의 법칙에 시동을 걸었으니 곧 관리자가 당신에게 말할 것입니다. "당신을 해고합니다"라고 말입니다.

하지만 사실은 당신 스스로 해고한 것이나 마찬가집니다. 관리자는 당신의 부정적인 마음 상태를 확인하고, 그것을 실행할 뿐입니다. 다시 말해, 관리자는 당신이 당신에 대해 진실로 생각한 것을 말로 전한 전달자일 뿐입니다. 이것은 작용과 반작용 법칙의 한 예입니다. 작용은 마음의 내적 움직임이고, 반작용은 그 내적 사고에 순응하는 외부 세계의 반응입니다.

이 책을 읽는 내내 어쩌면 당신은 남을 속이거나 부적절하게 투자하는 등 다른 사람을 이용해 돈을 축적한 사람의 얼굴이 하나둘 떠오를지도 모릅니다. 그러나 이것은 부메랑이 되어 자신에게 돌아올 것입니다. 그러면 자기 자신을 다치게 하고, 스스로 박탈하게 됩니다.

그런 사람은 먼저 결핍을 느끼게 되고, 그 결핍은 손실로 이어지게 될 것입니다. 손실은 건강이나 위신, 마음의 평화, 사회적 지위를 잃거나 집안에 병자가 생기거나 또는 사업에 문제가 생기는 일 등 다양한 방법으로 올 수 있습니다. 그것이 꼭 재정적 손실만을 의미하지는 않습니다. 근시안적으로 금전적 손실만 생각해서는 안 됩니다.

마음에 담아두면 안 되는 것

세상에는 잘못된 방법으로 돈을 축적하는 사람이 많이 있습니다. 남을 짓밟고 사기와 기만, 교묘한 속임수 등을 써서 말입니다. 그 대가로는 정신적, 육체적 질병이나 죄책감, 불면증, 막연한 두려움이 있습니다.

일례로, 한 남자는 자신이 잘못된 방법으로 부를 획득했음을 깨달았습니다.

"저는 다른 사람들을 유린해서 제가 원하는 것을 얻었지만, 암도 같이 얻고 말았습니다."

우리는 누군가를 해치지 않으면서 부유해지고 성공할 수 있습니다. 그러나 많은 사람은 끊임없이 자신에게서 박탈하고 훔칩니다. 그들은 마음의 평화와 건강, 기쁨, 영감, 행복, 웃음소리를 스스로 박탈합니다. 그들은 절대로 훔치지 않았다고 항변하겠지만, 정말로 그럴까요? 다른 사람에게 분개하고, 그들의 부나 성공을 시기하며 질투할 때마다 당신은 자신에게서 박탈하는 것입니다. 그것들이 마음에 머물게 하지 마십시오. 바른 생각과 감정의 불로 그것들을 완전히 태워 버리십시오.

시기심을 극복하는 법

이 세상은 원인과 결과로 이뤄집니다. 돈에 대해 걱정하고 조바심을 내면, 결핍은 더한 결핍을 낳을 것입니다. 당신의 사고방식은 원인이고, 부족한 돈은 결과입니다.

많은 사람의 삶에서 재정을 부족하게 만드는 감정이 있습니다. 사람들은 이것을 간과하는데, 그 감정은 바로 '시기심'입니다. 예를 들어, 당신은 소액만 예금할 수 있는데, 경쟁자는 고액을 예금할 만한 능력이 있다고 합시다. 이런 상황이라면 당신은 어떤 기분이 듭니까? 당신에게 시기심이 생기지는 않습니까?

다른 사람을 시기하는 일에는 엄청난 파괴적인 힘이 있습니다. 시기심은 우리를 매우 부정적으로 만들고, 부가 우리에게 오지 못하게 하기 때문입니다. 만일 다른 사람이 성공하고 부유해지는 것을 부러워하면서도 배 아파했던 적이 있다면, 지금이라도 그 사람이 더욱 성공하기를 빌어주십시오. 그러면 당신이 품고 있던 부정적인 생각은 사라지고, 잠재의식의 법칙을 통해 더욱 큰 부가 당신에게 흘러들어올 것입니다. 당신은 다른 사람을 칭찬하고, 그를 축복하면서, 잠재의식 속에 부에 관한 아이디어를 새겨야 합니다.

시기하는 감정을 극복하려면 이렇게 말해보십시오.

"정말 멋지지 않은가! 나는 저 사람이 잘되어서 기쁘다. 저 사람이 더욱더 부유해지기를 바란다."

당신이 부족하게 사는 이유

입에 풀칠만 하며 살아가는 사람들이 있습니다. 그들은 경제적 빈곤으로 인해 허덕이는 것처럼 보입니다.

혹시 당신은 그들이 하는 말을 들어 본 적 있습니까? 그들은 성공하거나 어떤 분야에서 두각을 나타내는 사람들을 향해 끊임없이 비난하곤 합니다. 심지어 그들은 성공하는 사람들을 향해 "저 녀석은 나쁜 방법으로 돈을 벌어. 인정사정이 없어. 완전 사기꾼이야!"라고 말하기도 할 것입니다. 바로 이것이 그들이 부족하게 사는 이유입니다. 그들은 그저 자신들이 갈망하고 원하는 것을 비난합니다.

그들이 성공한 사람들을 비난하는 이유는, 다른 사람의 성공을 시기하고 탐내기 때문입니다. 부가 날개를 달고 달아나게 하는 가장 빠른 방법은, 나보다 돈 많은 사람을 비판하거나 비난하는 것입니다.

그동안 당신은 단 한 번도 돈을 벌 기회가 없었다고 자신 있게 말할 수 있습니까? 부모나 친척이 금전적으로 도와주지 않았다고 그들을 탓하지는 않습니까? 만약 그런 마음을 품고 있다면, 지금 당장 멈추십시오. 그리고 성공의 비결은 마음을 바르게 먹는 것임을 아십시오. 마음속의 무한한 자원이 수용적인 마음을 가진 당신을 통해 표출되기를 기다리고 있습니다.

정직하지 않은 방법으로 돈 버는 사람을 비난하고 있다면, 이제 그 사람에 관한 나쁜 생각을 멈추십시오. 그런 사람은 마음의 법칙을 부정적으로 사용하고 있어 마음의 법칙이 그 사람을 다스릴 것입니다.

만일 경제적으로 곤란을 겪고 있다면, 장애물은 당신 마음속에 있는 것입니다. 모든 사람과 정신적으로 좋은 관계를 맺으십시오. 그리하면 이제 당신은 정신적 장애물을 없앨 수 있습니다.

매일 잠자리에 들기 전, 앞에서 언급한 여러 가지 방법을 실천해보십시오. '부'라는 단어를 편안한 마음으로 조용히, 진심을 담아 말해보십시오. 자장가처럼 반복해서 말하십시오. '부'라는 단어와 함께 안심하고 잠자리에 드십시오. 꾸준히 하면 놀라운 결과가 나타나고, 당신은 윤택하게 살 수 있을 것입니다.

당신 내면에 있는 도둑

전쟁 초기, 뉴욕 브루클린에서 살던 한 여자에 관한 책을 읽었습니다. 그녀는 커피를 비축하려고 근처 여러 상점을 돌아다녔습니다. 전쟁으로 인해 곧 커피를 구하기 어려울 것만 같은 극도의 불안감에 휩싸였기 때문입니다. 그래서 그녀는 최대한 많은 양의 커피를 사서 팬트리에 무더기로 쌓아 놓았습니다.

　그리고 그녀는 저녁 예배에 참석했습니다. 예배를 마치고 돌아왔더니 도둑이 많은 양의 커피와 은식기, 돈, 보석 등을 전부 훔쳐 갔습니다. 엉망진창이 된 집을 본 그녀는 한탄했습니다. "예배 드리는 사이에 야무지게도 가져갔네요. 제가 왜 이런 일을 당해야 할까요? 저는 다른 사람 물건을 훔친 적이 없는데요."

　그녀의 말은 사실일까요? 커피를 쟁일 때, 앞으로 커피를 쉽게 살 수 없을지도 모른다는 생각으로 결핍과 두려움을 의식한 것은 아닐까요?

　결국, 그녀에게 재산 손실을 초래한 것은 결핍에 대한 두려움과 심리 상태였습니다. 그녀는 은행이나 다른 상점에서 도둑 질할 필요가 없었습니다. 결핍에 대한 두려움이 결핍을 초래했 기 때문입니다. 바로 이것이, 소위 '훌륭한 시민'이 손해를 보 는 이유입니다.

그들은 통속적으로 말하자면, 선한 사람들입니다. 세금을 잘 내고, 법과 규칙을 잘 준수하며, 정기적으로 투표하거나 자선 을 베풀기도 합니다. 그러나 남의 재산이나 부, 사회적 지위에 분개합니다. 보는 눈이 없다고 해서 남의 돈을 취하려는 태도 는 결핍의 태도가 분명합니다. 이런 사람들에게는 외부의 도 둑이 오기 전에 먼저 내면의 도둑이 듭니다. 즉, 외부의 도둑이 당신 것을 도둑질하기 전에 먼저 자신이 스스로 자기 것을 박 탈하는 것입니다.

모든 것은 드러난다

죄책감 때문에 자기 자신을 책망하던 사람이 있었습니다. 그는 은행원이자 평판이 좋은 사람이었습니다. 그러나 그에게도 흠 이 있었습니다. 그는 고객 돈은 훔치지 않았지만, 아내가 있는 데도 다른 여자와 교제해 부도덕한 관계를 맺고 있었습니다. 그러면서 그 관계가 들통날까봐 두려웠습니다.

그는 깊은 죄의식과 두려움을 느껴 근육통과 심한 축농증이 발병했습니다. 약을 먹어도 일시적으로 통증을 줄일 뿐이었습니다. 저는 그에게 문제의 원인을 설명했고, 치유법은 혼외 관계를 그만두는 것뿐이라고 말해 줬습니다.

그는 몇 번이나 헤어지려고 노력했지만, 아내 몰래 교제하는 여자가 영혼의 동반자인 것 같아 이 불안한 관계를 끝낼 수가 없다고 대답했습니다. 그러면서 계속 자신을 책망하고 비난했습니다.

그러던 어느 날, 평판 좋기로 소문난 그는, 고객 돈을 횡령했다는 죄목으로 임원에게 책망받았습니다. 정황 증거도 그에게 매우 불리했습니다. 그는 겁에 질렸고 공포에 사로잡혔습니다. 그러다 자신이 비난 받는 이유가 무엇인지 알게 되었습니다. 그는 자기 스스로 비난하고, 책망하기 때문이라는 점을 깨달았고, 자기 마음이 어떻게 작동하는지 알게 되었습니다. 그는 자신이 내적으로 늘 스스로를 비난했기 때문에, 외부 사람들에게도 비난받는 것이었습니다.

횡령 혐의를 받은 것에 충격을 받은 그는, 다른 여자와의 관계를 곧바로 정리했습니다. 그런 후 신과 다시 화합했습니다. 또, "모든 것은 명백히 드러나게 되어 있다"라고 기도하면서, 기도를 통해 은행 임원이 자신을 옳게 이해하도록 했습니다.

또, 자신의 무죄를 증명하는 길은 기도밖에 없다는 것을 깨닫게 되었습니다.

시간이 지난 후, 횡령 사건의 진범은 다른 사람이라는 것이 밝혀졌습니다.

진실은 승리하고, 모든 문제는 진리의 빛 아래 녹아버립니다. 대원칙은 이렇습니다. 남이 당신을 생각하는 대로 당신도 그들을 생각해야 합니다.

"나의 진정한 바람은 세상 모든 사람에게 평화와 사랑, 기쁨, 풍요, 축복이다"라고 마음 깊은 곳에서부터 말하십시오.

모든 사람의 성장과 진보, 번영에 대해 기뻐하고 즐거워하십시오. 당신 자신을 위해 구하는 모든 것을, 세상 사람들을 위해서도 구하십시오. 행복과 마음의 평화를 위해 기도한다면, 구하는 것이 모두를 위한 행복과 평화가 되게 하십시오. 다른 사람의 기쁨을 빼앗으려 시도조차 하지 마십시오. 다른 사람의 기쁨을 빼앗으면, 당신 자신에게서 기쁨을 박탈하는 것이 됩니다. 친구에게 좋은 일이 생긴다면, 그것은 당신에게도 생길 것입니다.

직장에서 승진하는 사람이 있으면, 진심으로 축하해주십시오. 이때 질투하거나 화를 내면, 당신은 자신을 강등시키는 것입니다. 다른 사람의 행복과 성공, 성취, 풍요 등 모든 좋은 것을 가질 수 있는 타고난 권리를 스스로 빼앗기려 하지 마십시오.

증오와 분개를 품으면 마음이 상처와 불순물, 독소로 가득해집니다.

천국의 보물이란 당신의 영혼에 깃든 진리들입니다. 당신의 마음을 평화와 조화, 믿음, 기쁨, 정직, 청렴, 친절, 상냥함으로 채우십시오. 그러면 당신 자신을 위해서 마음의 천국에 보물을 심게 됩니다.

조셉 머피의 '기적의 한마디'

~~~~~~

1. 돈은 악하거나 더럽지 않습니다.

2. 돈에 관한 균형 잡힌 생각을 하고, 올바른 곳에 잘 사용하
   십시오.

3. 부를 의식하고, 끊임없는 공급을 믿으십시오.

4. 잠재의식에 부와 성공의 아이디어를 심으십시오.

5. 다른 사람의 성공을 진심으로 기뻐하며 올바른 마음을
   품으십시오.

2
부자가 되는 길

비난하면서 동시에 끌어당길 수는 없다

생활비를 정할 때 딱 맞게 하기보다는 약간 넉넉하게 설정하는 것이 좋습니다. 아무리 절약하며 가계를 꾸린다고 해도 예상치 못한 일로 인해 예상보다 더 지출해야 할 수 있기 때문입니다. 그래서 대부분은 생활비를 너무 낮게 책정하지 않고, 약간의 여유 자금을 포함한 금액을 생활비로 설정합니다. 이렇게 융통성을 발휘하는 이유는, 당신이 잠재의식에 새기는 것이라면 언제나 증가하고 배가되기 때문입니다. 마치 무엇이든 땅에 심은 밀알이 백배의 결실을 내는 것처럼 말입니다.

잠재의식은 풍요의 법칙에 의해 작용합니다. 자연은 풍성하고 화려하며 윤택합니다. 그러므로 자신에 대한 평가를 높이 해야 합니다. 만일 당신이 하루치 생활비를 1페니로 협상한다면, 우주는 그에 맞게 반응할 것입니다.

많은 사람은 돈을 더 벌 수 있기를 간절히 원하면서도 주당 75달러밖에 안 되는 잠재의식 패턴을 갖고 있습니다. 그래서 그만큼만 표출되는 것입니다. 더 많이 표출될 수 있는데 말입니다.

부에 관한 의식을 높일 수 있는 간단한 방법이 있습니다. 하루에 여러 번씩 이 문장을 반복하십시오.

"나는 돈을 좋아하고 사랑한다. 나는 돈을 현명하고 건설적으로, 분별력 있게 사용한다. 내 삶에서 돈은 막힘없이 유통된다. 나는 돈을 기쁘게 방출하고, 돈은 놀랍게 배가되어 내게로 돌아온다. 돈은 아주 좋은 것이다."

이 문장을 반복해서 말하다 보면, 당신은 돈에 대해서 바른 태도를 가질 수 있을 것입니다.

"돈은 아주 더럽고 나쁜 것이야"라며 돈을 비난하지 마십시오. 어떤 것을 비난하면서 동시에 끌어당길 수는 없습니다. 깊이 생각해보면, 진정한 부란 우리 마음속에서 순환하고 있는, 곧 잠재의식에서 솟아오르는 놀라운 생각에 좌우된다는 사실을 알 수 있습니다.

물을 포도주로

한 의사가 진료실의 장비들과 의사 면허증을 도난을 당했다고 가정해봅시다. 그런데 의사의 부는 그의 머릿속에 있다는 사실에 모두 동의할 것입니다.

그는 여전히 병을 진단하고 처방하며, 수술하고, 의학 강의를 할 수 있습니다. 단지 그의 상징만 도난을 당한 것이니, 계속 의료 행위를 할 수 있습니다. 그의 부는 정신적 능력과 사람들을 도울 수 있는 지식, 인류에 기여할 수 있는 재능에 있기 때문입니다.

인류에게 도움을 주고자 하는 강한 욕구가 있다면 언제든 부유해질 수 있습니다. 세상을 위해 자신의 재능을 쓰고자 하는 욕구는, 언제나 우주의 중심으로부터 응답받을 것입니다.

1929년 대공황Great Depression, 미국 역사상 가장 길었던 경제위기로, 1929년 ~1939년까지 지속됨 때 집과 평생 모은 재산을 모두 잃은 사람이 있었습니다. 저는 뉴욕의 한 호텔에서 강연을 마친 후 그 사람과 만났습니다. 그가 말했습니다.

"저는 다 잃었습니다. 4년 만에 백만 달러를 벌었었죠. 그렇지만 다시 벌 것입니다. 제가 잃은 것은 상징일뿐이니까요. 그러니 저는 꿀이 벌떼를 끌어들이듯 이전과 같은 방법으로 다시 부의 상징을 끌어모을 수 있습니다."

저는 그 사람이 성공의 열쇠를 찾기 위해 수년간 밟은 이력을 쫓았습니다. 그 열쇠가 당신에게는 낯설어 보일지도 모릅니다. 그러나 그것은 매우 오래된 것입니다.

그가 그 열쇠에 붙인 이름은, '물을 포도주로!'였습니다. 그는 성경에서 이 구절을 읽고는, 바로 이것이 완벽한 건강과 행복, 마음의 평화, 성공에 대한 해답임을 깨달았습니다.

성경에서 포도주는 언제나 욕망과 충동, 계획, 꿈, 사업 등의 실현을 의미합니다. 다시 말해, 우리가 완수하고 성취하며, 생산하길 원하는 일들을 뜻합니다.

물은 보통 마음이나 의식을 나타냅니다. 물은 정해진 모양이 없어, 그릇의 모양대로 담깁니다.

마찬가지로 무엇이든 우리가 진실이라 느끼고 믿는 것이 우리의 세계에 나타납니다. 결국 우리는 언제나 '물을 포도주로' 바꾸고 있습니다.

성경은 영감 받은 사람들에 의해 기록되었고, 실제적이며, 일상적인 심리와 생활 방식을 가르칩니다. 성경에서 가르치는 중요한 가르침 중 하나가, 우리는 올바른 생각과 감정, 신념을 통해 자신의 운명을 결정하고, 만들어 나갈 수 있다는 것입니다. 곧 우리는 어떤 문제든 해결하고, 상황을 극복할 수 있으며, 성공하고, 승리하기 위해 태어났다는 사실을 가르칩니다.

인생에서 부에 이르는 왕도를 발견하여 전진하고자 할 때 필요한 힘과 안전을 얻으려면, 성경은 단지 전통적인 방식으로만 보고 그쳐야 합니다.

내면의 사고 패턴을 바꿔야만 하는 이유

경제적 위기에 직면했던 한 남자는, 자금이 없던 시절에 자신에게 자주 말했습니다. **"나는 물을 포도주로 바꿀 수 있다!"**

그에게 이 말은 다음과 같은 뜻이었습니다. "나는 내 마음속 가난의 아이디어를 현재의 갈망과 필요가 성취된 부와 재정의 아이디어로 바꿀 수 있다."

그의 마음가짐(물)은 다음과 같았습니다.

"나는 정직하게 재산을 모은 적이 있다. 또다시 그렇게 할 것이다(포도주)."

그는 "나는 상징(돈)을 끌어모은 적이 있으니 다시 그렇게 할 것이다. 이것이 진실임을 알고 느낀다"라는 긍정적 확언을 주기적으로 반복했습니다. 그 후 남자는 한 화학 회사 영업 사원으로 취직했습니다.

그러던 어느 날, 그에게는 회사 제품을 더욱 잘 홍보할 수 있는 아이디어가 떠올라 회사에 제안했습니다. 그가 부사장이 되기까지 그리 오래 걸리지 않았습니다. 그리고 4년 만에 부사장에서 사장으로 승진했습니다. 그의 마음가짐은 늘 "나는 물을 포도주로 바꿀 수 있다!"였습니다.

성경에서 물을 포도주로 바꾸는 부분을 비유적으로 보십시오. 그리고 위에서 말한 초고속 승진을 한 사람이 했던 것처럼 자신에게 말해보십시오.

"나는 눈에 보이지 않는 아이디어와 욕구, 꿈, 갈망을 눈에 보이는 것으로 만들 수 있다. 왜냐하면, 단순하지만 보편적인 마음의 법칙을 발견했기 때문이다."

그가 입증한 법칙은 작용과 반작용의 법칙입니다. 이 말은, 당신의 외부 세계와 신체, 형편, 환경, 재정 상태는 언제나 마음의 생각과 신념, 감정, 확신을 반영한다는 뜻입니다. 이것이 진실이므로, 당신은 이제부터 성공과 부, 마음의 평화로 내면의 사고 패턴을 바꾸십시오. 이런 개념들로 마음을 채우면, 이 생각들이 땅에 심은 씨앗처럼 당신의 사고방식에도 차츰 배어들 것입니다. 또, 모든 씨앗이 그 종류대로 자라듯 당신이 습관적으로 하는 생각과 감정은 번영과 성공, 마음의 평화로 나타날 것입니다.

결핍을 풍요로 바꾸는 법

현명한 사고(작용)에 올바른 행동(반작용)이 뒤따릅니다. 또, 당신이 갈망하는 것과 행복을 얻을 때까지 묵상하십시오.

지금부터 한 젊은 여자가 어떻게 물을 포도주로 바꾸는 기적을 행했는지 이야기해보겠습니다.

아주 멋진 미용실을 운영하는 여자가 있었습니다. 그러나 어머니 건강이 좋지 않아 미용실에 있는 시간보다 집에서 간병하는 시간이 더 많았습니다. 그러던 어느 날, 그녀가 자리를 비운 사이에 직원 두 명이 자금을 횡령했습니다. 그녀는 파산했고, 집도 잃었으며, 빚도 지게 되었습니다. 이제 그녀는 어머니의 병원비를 댈 여력도 없고, 직장도 잃었습니다.

저는 이 여성에게 물을 포도주로 바꾸는 비법을 설명했습니다. 포도주는 응답 받은 기도나 구체적으로 실현된 이상을 의미한다는 사실을 거듭 설명했습니다. 그녀가 말했습니다.

"저는 모든 것을 잃었고, 세상은 잔인합니다. 저는 세금을 낼 돈이 없고, 희망을 잃었기 때문에 기도할 힘도 없습니다."

그녀는 물질세계에 너무 몰두한 나머지 자기가 그렇게 된 원인은 전혀 깨닫지 못했습니다. 그러나 저와 이야기를 나누면서 마음속 다툼을 해결해야 한다는 것을 이해하게 되었습니다.

당신에게도 마음속 갈망이나 이상에 상관없이 그것에 반하는 생각이나 아이디어가 있을 것입니다. 예를 들어, 건강을 위해 운동하면서도 몸에 좋지 않은 음식을 떠올릴 수도 있습니다.

당신 자신에 대해 알아 갈수록 마음속에 심한 다툼이 일지 않습니까? 당신도 이 여성처럼 환경과 외부 상황이 당신의 표현 욕구와 부, 마음의 평화를 시험할 것입니다. 그러나 진정한 기도는 정신적 갈등을 해결하는 모든 방법을 가르쳐줍니다.

우리는 기도할 때 마음으로 믿는 것을 적습니다. 미국 사상가이자 시인인 랠프 월도 에머슨Ralph Waldo Emerson은 "사람은 그가 하루 종일 생각하는 바로 그것입니다"라고 말했습니다.

당신이 습관적으로 하는 바로 그 생각은, 당신의 정신적 믿음의 법칙을 만듭니다. 어떤 생각을 반복하면, 잠재의식이라 불리는 마음속 깊은 곳에 확고한 견해와 신념을 정립합니다. 또, 그런 정신적 수락을 통해 확립된 신념과 견해가 당신의 모든 외적 행동을 지배하고 통제합니다. 이런 과정을 이해하고 적용하는 첫 단계가 바로 '물'을 '포도주'로 또는 '결핍'과 '한계'를 '풍요'와 '풍부'로 바꾸는 것입니다. 그러므로 자신 안에 있는 영적 능력을 알지 못하는 사람은 집단 신념과 결핍, 한계에 영향 받기 쉽습니다.

내면이 외면을 결정한다

뭔가를 이루길 바랄 때, 다시 말해 일과 공급, 문제에서 벗어날 길을 찾고자 할 때 결핍이 보입니다.

"희망이 없어요. 다 잃었어요. 일을 끝낼 수가 없어요. 절망적이에요."

바깥 세계에서는 다음과 같은 목소리가 들려옵니다.

"포도주가 없다.", "실상을 봐라."

이것은 결핍과 한계에 따른 느낌이고, 속박에서 나오는 말입니다.

당신은 상황과 환경의 도전에 어떻게 대응합니까?

지금까지 당신은 다음과 같은 마음의 법칙을 익혔습니다. 내면으로 느끼고 생각하는 그대로 당신의 외부 세계에 반영됩니다. 즉 몸 상태와 재정, 환경, 사회적 위치, 세상과 사람과의 모든 외적 관계 양상이 존재하는데, 당신 내부의 정신적인 움직임과 이미지가 당신 인생의 외적 국면을 지배하고 통제합니다.

당신의 운명은 생각과 느낌입니다. 느낌과 관심으로 채워진 생각은 언제나 주관적으로 해석되고, 당신의 세계에 구체적으로 모습을 드러냅니다. 기도란 생각과 느낌 또는 당신의 견해와 감정의 결합입니다.

좋든 싫든 또는 평범하든 그렇지 않든, 당신이 마음으로 진실이라 여기는 견해나 갈망은 현실에서 일어납니다. 곧 당신이 마음으로 상상하고 느끼는 것이 외부로 표출되고, 외부 세계에 나타나며, 경험하게 된다는 법칙을 아는 것이 마음 훈련의 시작입니다.

부정적인 느낌이나 부정적인 암시는 뒷받침해주는 근거가 없습니다. 그래서 능력이나 실체가 존재하지 않습니다. 결핍의 분위기에는 힘이 없습니다. 힘은 당신의 생각과 느낌에 내재합니다.

당신의 생각이 건설적이고 조화를 이루고 있다면, 그 생각에 반응하는 영적인 힘이 조화와 건강, 풍요의 모습으로 흘러나옵니다. 영적인 힘의 유효성과 그것이 당신의 건설적인 생각과 이미지에 부응한다는 사실을 인정하십시오. 그 후 결핍의 아이디어를 완전히 거부하는 훈련을 하십시오.

"나에게 맞는 때가 되지 않았다"라는 말은 아직 확신이나 긍정적인 정신 상태에 도달하지 못했지만, 정신적으로 거기에 이르는 과정에 있음을 뜻합니다. 왜냐하면, 당신이 마음을 인생의 긍정적인 이상과 목표, 목적에 쏟고 있기 때문입니다. 당신이 마음을 두는 그것은 배가하고 증대하며, 그것이 자라서, 마침내 새로운 의식 상태가 될 것입니다. 그러면 이전에 부정적인 상태에 익숙했던 당신은 앞으로 긍정적인 상태에 익숙해집니다.

행복을 그대로 받아들이기

영적인 사람은 결핍의 기분에서 자신감과 평화, 내재한 영적인 힘에 대한 신뢰의 기분으로 이동합니다. 당신이 영적인 힘을 신뢰하고 믿으면, 기분과 느낌이 성공과 승리의 감정을 새깁니다. 이로써 해결책이나 기도에 대한 응답이 옵니다.

성경에서 '물그릇'은 사람이 자신의 갈망을 실현하기 위해 거치는 정신적인 시간을 뜻합니다. 그 시간은 그 사람의 믿음과 의식 상태에 따라 잠시 또는 한 시간, 한 주, 한 달이 될 수도 있습니다.

감각적 증거와 외부 세계의 영향으로 갖게 된 잘못된 신념과 두려움, 의심, 불안을 기도를 통해 마음에서 씻어내야 합니다. 마음의 움직임을 가라앉히고, 평온과 고요 속에서 기도가 응답 받았을 때, 당신이 느낄 기쁨에 대해 묵상하십시오. 내적 확신이 들 때까지 묵상하십시오. 그리하면 당신이 갈망과 하나가 되었을 때, 비로소 정신의 결합, 즉 느낌과 생각이 연결됩니다.

저는 확신합니다. 지금도 당신은 마음속으로 건강과 조화, 성공, 성취와 하나가 되길 바라고 있다고 말입니다. 기도할 때마다 당신은 평화와 성공, 행복, 완벽한 건강이라는 개념과 정신적으로 일체가 되기를 원하는 것입니다.

되고 싶은 사람이 된 느낌이 들 때까지 마음을 가득 채우십시오. 당신이 성취하고 표현하길 원하는 이상으로 마음을 채워야 비로소 당신은 가득 채워집니다. 그리고 기도가 응답되었음을 마음으로 느끼고, 그때 비로소 기도를 끝낼 수 있습니다. 그때를 당신은 곧 알게 됩니다.

당신은 갈망이 성취되었음을 마음으로 알고, 마음의 평안을 느낍니다. 잠재의식에 스며든 것은 모두 당신의 공간이라는 스크린에 투영됩니다.

낮 동안 있었던 수많은 생각과 암시, 의견, 광경, 소리가 당신에게 도달합니다. 당신은 그것들을 정신적으로 받아들이기에 부적합하다고 여기면, 거부하거나 선택해서 그것을 관리할 수도 있습니다.

당신이 마음의 갈망을 참되게 받아들이고, 묵상하며, 즐기고, 상상하기로 의식적으로 선택할 때, 그것이 생생하게 구현되고, 당신의 사고방식이 되어, 당신의 깊은 자아가 그것을 낳고 표현합니다. 다시 말해, 주관적으로 새겨진 것이 객관적으로 표출됩니다. 감각 또는 의식은 당신의 선량함이 객관화되는 것을 봅니다.

앞에서 언급한 미용사는 단순하지만, 극적인 드라마에 대한 설명을 듣고는 정신적으로 부유해졌습니다. 미용사는 드라마의 의미를 이해하고 직접 실행에 옮겼습니다. 그리고 기도했습니다. 그녀는 물(그녀 자신의 마음)이 흐를 것을 알고서, 새로운 방식의 생각과 느낌에 응해 자신의 빈 그릇들을 전부 채웠습니다.

밤이면 마음을 고요히 가라앉히고 몸의 긴장을 푼 채 건설적인 상상을 하기 시작했습니다. 그리고 그녀는 다음과 같은 단계를 밟았습니다.

- 1단계: 그녀의 엄청난 예금액을 본 은행 지점장이 직접 그녀를 찾아와 축하해주는 장면을 상상하기 시작했습니다. 그녀는 이 장면을 약 5분간 상상했습니다.
- 2단계: 상상 속에서 어머니가 이렇게 말하는 것을 듣습니다.

  "네가 아주 좋은 새 직장을 갖게 되어 무척 기쁘단다."

  그녀는 매우 행복해하며 3~5분간 이 말을 계속 상상했습니다.
- 3단계: 저는 그녀의 결혼식에서 주례를 서는 모습을 생생히 그렸습니다. 그래서 "이제 부부가 되었음을 공표합니다"라고 말하는 소리를 들었습니다. 날마다 이런 절차를 완수한 뒤, 기도에 응답 받아 기쁨으로 충만한 기분으로 잠자리에 들었습니다.

3주 동안은 그녀에게 아무 일도 일어나지 않았습니다. 사실, 상황은 더욱 나빠졌지만, 그녀는 인내했고, 기도가 응답 받지 못했다는 것을 인정하지 않았습니다. 영적으로 성숙하려면, 그녀 자신이 두려움을 믿음으로, 결핍의 기분을 부와 번영의 기분으로 바꾸는, 즉 의식(물)을 자신이 원하는 환경과 상황과 경험으로 바꾸는 첫 기적을 행해야 한다는 것을 알았습니다.

정신은 만물의 원인이자 본질

의식이든 자각이든 존재든 원리든 정신이든 또는 그 무엇이라 이름 붙이든 간에 그것이 만물의 원인입니다. 그것이 유일한 본질적 존재이자 힘입니다. 우리 안에 있는 영적인 힘 또는 정신이 만물의 원인이자 본질입니다. 새, 나무, 별, 해, 달, 지구, 금, 은, 백금 등 만물은 정신이 발현된 것입니다. 정신이 만물의 원인이자 본질이지요. 그 외 다른 것은 없습니다.

본질을 이해한 그녀는 물(의식)이 삶의 동반자나 충만함은 물론, 돈이나 그녀의 진짜 위치 또는 진정한 발현, 어머니의 건강 형태로 주어질 수 있다는 사실을 깨달았습니다. 이 단순하지만 깊은 진리를 단번에 깨달은 그녀는, 제게 "저는 저의 행복을 받아들입니다"라고 말했습니다.

그녀는 무엇이든 감춰진 것은 없고, 모든 것이 우리 안에 있으며, 우리가 추구하고 찾아내기를 기다리고 있다는 것을 깨달았습니다.

그로부터 얼마 지나지 않아, 그녀는 결혼했습니다. 제가 주례를 섰습니다. 그녀가 긴장을 푼 상태에서 거듭 묵상하며 들었던 "이제 부부가 되었음을 공표합니다!"라는 말을 제가 선언했습니다.

그녀의 남편은 예물로 세계 여행 티켓과 꽤 많은 돈을 주었습니다. 그녀는 집과 정원을 예쁘게 꾸미고, 사막과 같았던 마음에 장미꽃을 피우며, 매일 기뻐하면서 자신을 새롭게 표현했습니다.

그녀는 '물'을 '포도주'로 바꿨습니다. 물이나 그녀의 의식은 지속적이고 충실하게 행한 행복한 상상을 통해 채워지고, 훈련되었습니다. 규칙적이고 체계적이며 지속적인 이미지는, 마음속 깊이에서 성장하는 능력에 대한 믿음과 함께 어둠(잠재의식) 속에서 빛으로(공간이라는 스크린에 투영돼) 나올 것입니다.

여기서 중요한 규칙이 하나 있습니다. 새로워진 이 이미지를 두려움이나 의심, 낙담, 걱정이라는 파괴적인 빛에 노출하지 마십시오. 두려움이나 염려가 찾아오면, 즉시 마음속에 그린 그림으로 시선을 돌리고, 자신에게 **아름다운 그림이 내 마음속 암실에서 펼쳐지고 있다**라고 말하십시오. 그 그림에 당신의 기쁜 감정과 믿음, 이해력을 정신적으로 쏟아 놓으십시오. 당신은 심리적이고 정신적인 법칙을 행하고 있습니다. 곧 마음에 새겨진 것이 표출될 것이기 때문입니다. 놀랍지 않습니까!

필요한 것은 매 순간 충족된다

당신이 사는 동안 필요한 모든 물질적 부와 필수품이 공급되게 하는 방법을 알고 있습니다. 이 방법은 확실하고 믿을 만합니다. 이를 성실하고 정직하게 실행한다면, 당신은 외적으로 충분히 보상 받을 것입니다.

절망적 재정 상태에 빠진 한 남자가 저를 찾아왔습니다. 그는 영국 국교회 교인이었고, 잠재의식의 작용에 대해 어느 정도 공부한 사람이었습니다.

제가 그에게, 자주 반복해서 말할수록 좋다고 한 문장이 있습니다. 바로 **"내게 필요한 것은 매 순간 제때 충족된다"**라는 말입니다.

현재 무한한 지성이 돌보고 있는 이 세상의 모든 동물과 우주의 은하계를 생각해보십시오. 자연이 얼마나 풍성하고 화려하며 윤택한가에 주목하십시오. 언제나 존재하는 공중의 새들과 바다의 물고기들을 생각해보십시오.

그 남자는 자신이 태어난 순간부터 다정하고 사랑 많은 부모

님이 자신을 먹이고 입히고 돌봐주신 것을 깨달았습니다.

그는 제가 알려준 놀라운 방식으로 곧 직장을 구했으며, 월급도 받았습니다. 자신에게 생명을 주고 언제나 돌봐 온 이 생명의 원리가 어느 날 갑자기 응답을 멈출 거라고 걱정하는 것은 논리적이지 못하다고 판단했습니다. 그리고 이전에 자신이 고용주를 원망하고 자책하며, 자신을 스스로 비난하고 하찮게 여김으로써 자신에게 오는 공급을 스스로 차단했음을 깨닫게 되었습니다.

그는 만물의 원천, 즉 내재하며 '자각' 또는 '의식'이라 불리는 정신 또는 생명의 원리와 자신을 연결하는 줄을, 자기 스스로 심리적으로 끊어버린 것이었습니다.

인간은 새들처럼 먹이를 공급받는 것은 아닙니다. 내재하는 힘과 존재와 의식적으로 교제해야 하고, 그렇게 해서 안내받고 힘과 활력, 필요한 모든 것을 받아야 합니다.

남자는 바로 이 공식을 적용해, 물을 풍요와 재정적 성공의 포도주로 바꾸기 시작했습니다. 그는 정신적 힘이 만물의 원인임을 깨달았습니다. 그뿐만 아니라 부는 우리의 당연한 권리이자 우리 것임을 이해하면, 풍부한 공급이 표출될 수 있다는 사실도 깨달았습니다. 그는 확언했습니다.

"나의 모든 재정과 필요는 매 순간 어디서든 충족됩니다. 언제

나 넘치는 공급이 있습니다."

이 간단한 확언을 지혜롭고 의지적으로 자주 반복하면서 번영을 의식하도록 마음을 단련했습니다.

그가 할 일은 오직, 자신이 팔 물건의 특징을 이해하는 영업 사원처럼 이 긍정적인 개념을 이해하는 것이었습니다. 뛰어난 능력을 갖춘 영업 사원은 자기 회사의 청렴도와 제품의 고품질, 고객에 대한 좋은 서비스, 합당한 가격 등에 대해 인정합니다.

저는 그에게 일어나지 않을 부정적인 일에 대한 생각이 떠오르면 그 생각과 싸우지 말고, 그저 영적이고 정신적인 공식을 조용히 반복해서 되뇌라고 조언했습니다.

그러나 때로는 그에게 부정적인 생각이 홍수처럼 쇄도하기도 했습니다. 그때마다 그는 긍정적이고 확고한 신념으로 맞섰습니다.

그는 운전하거나 일상의 잡다한 일들을 할 때, 이따금 부정적인 생각들이 밀려왔다고 고백했습니다. 그때마다 부와 건강의 영원한 근원을, 그리고 영적으로 자각할 때 자신의 소유가 되는 모든 것을 바라보며, 부정적인 생각들을 거부했습니다. 그는 확고하면서 단호하게 주장했습니다.

그는 이 외에도 희망과 믿음, 기대, 궁극적으로 필요한 모든 것을 기꺼이 그리고 끊임없이 공급하는, 마르지 않는 부의 원천에 대해 확신했습니다. 또, 긍정하고 확언하는 진술로 마음을 채웠습니다.

그런데도 부정적인 생각들의 홍수가 매시간 수십 번도 넘게 자주 밀려왔습니다. 그때마다 그는 평화와 부, 성공 등 모든 좋은 것을 빼앗아가는 강도이자 살인자이자 도둑이, 마음의 문을 열고 들어오는 것을 거부했습니다. 대신에 부와 건강, 에너지, 힘 등 이 세상에서 충만하고 행복한 삶을 사는 데 필요한 모든 것을 공급하는 영원한 원리에 마음의 문을 열었습니다.

이렇게 하기를 계속하자 둘째 날에는 도둑이 전처럼 많이 찾아오지 않았습니다.

셋째 날에는 부정적인 생각의 방문이 더욱 줄었습니다. 넷째 날에는 부정적인 생각이 간헐적으로 찾아왔다가 다음과 같은 대답을 받고 돌아갔습니다.

"출입 금지! 나는 오로지 내 마음에 생기를 북돋고 치료하며 축복하고 용기를 주는 생각들만 허락한다!"

그는 의식과 마음을 부의 의식으로 재조정했습니다. 두려움과 결핍, 걱정, 염려 같은 부정적인 생각이 떠오른다 해도 그의 마음은 그것들에 반응하지 않았습니다.

그는 전부를 잃은 것이 아닙니다. 파산하지도 않았습니다. 그는 장기 융자를 받았고, 사업이 성장했습니다. 그리고 새로운 문들이 열리고 번창했습니다.

많은 사람이 두 마음으로 기도하기 때문에, 부와 재정적 성공을 이루는 데 실패합니다. 기도할 때 당신의 이상과 목적, 목표에 충실해야 한다는 것을 늘 명심하십시오.

그들은 "나는 청구서에 나온 금액을 지불할 수 없어", "나는 이것과 저것을 감당할 수 없어"라고 앞서 한 말을 부정합니다. 또 "지지리 운도 없지", "난 왜 돈이 넉넉할 때가 없을까" 같은 혼잣말은 매우 파괴적이고 이전에 한 긍정적인 기도를 무효가 되게 합니다. 이것이 '두 마음으로 하는 기도'입니다.

이제 당신은 계획이나 목표에 충실해야 합니다. 당신은 영적인 힘에 대해 알고 있으므로 그 지식에 진실해야 합니다. 부정적인 생각과 두려움, 걱정 같은 것과 부정적으로 연결되는 일을 그만두십시오.

기도는 배의 항로를 지휘하는 선장과 같고, 목적지가 있어야 합니다. 자신이 어디로 가는지 알아야 합니다. 항법을 아는 선장은 항로를 적절히 조정합니다. 배가 폭풍이나 거친 파도로 인해 항로에서 이탈하면, 선장은 침착하게 정상 항로로 재조정합니다.

당신은 선교 위에 올라선 선장이고, 생각과 감정, 의견, 신념, 기분, 정신 상태에 명령을 내립니다. 눈을 밝은 곳에 고정하십시오. 우리는 눈이 향하는 곳으로 가게 되니까요! 그러므로 경로를 벗어나게 만드는 장애물이나 지체시키는 것을 바라보지 마십시오. 마음을 확고하고 긍정적으로 가지십시오.

이제 어디로 갈지를 정하십시오. 정신적 태도, 즉 마음가짐을 결핍과 한계의 기분에서 부의 감정으로 바꾸고, 잠재의식의 힘을 믿으십시오.

조셉 머피의 '기적의 한마디'

~~~~~~~~~~~~~~~~~~~~~~~~~~~~~~~~~~~

1. 부는 당신의 마음속에 있습니다.

2. 당신 내면의 느낌과 생각 즉, 정신적 움직임과 이미지가
   당신 인생의 외적인 국면을 지배하고 통제합니다.
   당신이 성공하는 힘은 당신의 생각과 느낌에 내재합니다.

3. 희망과 믿음, 기대 등 긍정적인 진술과 생각으로 마음을
   채우고, 부의 의식으로 재조정하세요.

제3장

잠재의식으로
달라지는 인생

상상력과 잠재의식의 조화

현자의 말

한 지혜서에 이런 말이 있습니다.

"사람은 자신이 상상하고 느끼는 그대로 된다."

이러한 가르침은 오랜 시간이 흐르는 동안 사라져 고대에 묻혔지요. 그리고 성경에 나오는 잠언은 이렇게 말합니다.

그 마음의 생각이 어떠하면 그 위인도 그러한즉 그가 네게 먹고 마시라 할지라도 그의 마음은 너와 함께하지 아니함이라.

중국 역사서를 보면 여러 현자들이 외적의 침입을 맞아 방대한 고전 문헌을 보존할 방법을 논의하는 대목이 나옵니다.

수천 년 전 대현자의 주도로 모인 현자들이 풀어야 하는 문제는 다음과 같았습니다.

"어떻게 하면 파괴적 침략자들로부터 고대의 지혜를 지킬 수 있을까?"

이때 현자들은 다양한 의견을 내놓았습니다. 몇몇은 두루마리 책과 상징들을 히말라야 산 속에 묻자고 했고, 어떤 이는 지혜를 담은 문서들을 모아 티베트Tibet에 있는 한 수도원에 맡기자고 했으며, 또 다른 사람들은 인도의 신전이야말로 신들의 지혜를 보존하기에 가장 적합한 장소라고 주장했습니다.

대현자는 토론이 진행되는 내내 말이 없었습니다. 사실 그는 다른 현자들이 의견을 내놓는 동안 잠이 들어 코까지 골았습니다. 이를 본 현자들은 경악을 금치 못했습니다.

잠시 뒤, 잠에서 깬 그가 말했습니다.

"신이 해답을 주었습니다. 바로 이것입니다! 신들에게 상상력이라는 선물을 받은 뛰어난 화가들에게 우리의 바람을 전할 것입니다. 우리가 그들에게 진리를 들려주고 그들은 위대한 진리를 그림으로 그려, 아직 태어나지 않은 후대後代까지 영원히 보전하게 할 것입니다. 그리고 우리는 화가들이 위대한 진리인 신의 능력과 성품 그리고 자질을 그림 카드에 표현하면, 그것으로 만든 새로운 게임을 세상에 발표할 것입니다. 그러면 시대와 장소를 초월해 모든 사람이 그 그림 카드 게임을 일종의 행운 놀이로 여기게 될 것입니다. 이렇게 하면 사람들은 카드 게임을 즐기면서 자연스럽게 여러 세대에 걸친 고대의 신성한 가르침을 보전할 수 있게 되지요."

전설에 따르면 대현자는 이렇게 덧붙였다고 합니다.

"이 세상에서 신성한 글이 모두 사라진다 해도 카드 한 벌에 그려진 다양한 그림을 통해 우리는 언제든 그것을 되살릴 수 있습니다."

강력하게 불붙은 상상력의 힘

상상력이란 실제로 경험하지 않은 어떠한 현상이나 사물을 마음속으로 그려보는 힘을 말합니다. 쉽게 설명하자면, 상상력은 어떤 사물이나 그것을 드러내는(또는 표현하는) 아이디어에, '옷'이라는 소품을 이용해 시각적으로 돋보이게 하는 것입니다. 그리고 예술가들은 상상력에 예술적 효과를 더함으로써 아이디어에 회화적 옷을 덧입힙니다. 이런 과정을 거쳐 우리의 깊은 자아에 숨어 있던 아이디어가 상상력을 통해 겉으로 드러나고, 이 상상력은 '생각'이라는 형태를 띠게 됩니다. 이렇게 드러나기 전까지는 자아 속에 숨겨져 있던 것을 생각하는 것에 불과할 뿐입니다.

예를 들어볼까요?

많은 사람은 결혼 준비를 하거나 결혼을 결심할 때, 자신이 원하는 결혼 생활과 결혼식 진행 과정에 대해 머릿속으로 스케치를 할 것입니다. 그래서 주례를 부탁할 만한 사람을 생각하고, 결혼식에 쓸 꽃을 떠올리며, 식장에 퍼질 음악에 대해 고민하기도 합니다. 그러다 손가락에 끼워질 반지 디자인을 상상하고, 신혼여행은 어디로 가면 좋을지를 고민합니다. 이 모든 일이 상상 속에서 이뤄집니다.

군 제대를 앞둔 어떤 청년이 말했습니다. "저는 어머니가 보입니다. 절 반갑게 맞아 주시는 어머니가 보여요. 전에 살던 집도 보이고요. 아버지는 파이프 담배를 피우고 계셔요. 누이는 개들에게 밥을 주고 있네요. 우리 집이 한눈에 다 보이고, 내 방 구석구석까지 볼 수 있어요. 가족의 목소리도 들리고요."

이 생생한 이미지는 다 어디서 왔을까요? 우리 안에 있는 영

靈이나 신神은 상상력의 진정한 근원입니다.

　언젠가 런던에서 시험을 볼 때 있었던 일입니다. 그 시험 문제 중 아무리 생각해도 답이 떠오르지 않는 것이 있었습니다. 그래서 긴장을 풀고 조용히 마음을 가라앉히며, 묵상하면서 천천히 반복해서 말했습니다.

"신이 해답을 보여주신다!"

　그러고는 아는 문제부터 풀기 시작했습니다. 다음 순간, 마치 자주 읽던 책의 한 페이지처럼 해답이 선명하게 떠올라 의식이나 지성보다 훨씬 강력한 지혜가 저를 관통했습니다. 이렇게 긴장을 풀고 마음을 편하게 하면 주관적인 지혜가 떠오릅니다.

　어느 날 열네 살 정도 된 소년이 찾아왔습니다. 그 소년은 신앙심이 매우 깊어 보였습니다. 소년은 어떤 일이 생길 때마다 자신에게 문제의 해답은 물론, 어떻게 해야 할지 알려주시는 예수님의 모습을 상상한다고 말했습니다.

　소년의 어머니는 병이 깊었고, 소년은 상상력이 매우 풍부했습니다. 마침 소년은 열병이 난 여인을 치유하시는 예수님의 이야기를 읽었습니다. 그러고는 제게 말했습니다. "간밤에 이렇게 말씀하시는 예수님을 상상했어요. '너의 길을 가라. 네 어머니는 온전히 나았다!'"

소년은 믿음을 갖고 이 장면을 마음속으로 매우 생생하고 강렬하게, 실제와 같이 그렸으며, 내적으로 들은 말을 진실이라 확신했습니다.

당시에 소년의 어머니는 의학적으로 완치될 가망이 없다는 진단을 받았습니다. 그러나 소년의 어머니는 완치되었습니다. 대체 어떻게 된 일일까요? 소년은 마음속으로 생각하던 이미지와 하나가 되는 느낌이 들었고, 믿음이나 확신대로 그 이미지가 그에게 전달되었습니다.

우리에게는 오직 하나의 마음과 하나의 치유하는 존재가 있습니다. 소년은 어머니의 병이 완전히 나았다고 믿자, 어머니 역시 그렇게 생각하게 되었습니다.

당시 소년은 영적인 치유나 상상력의 믿음에 대해서는 조금도 알지 못했습니다. 그저 무의식적으로 영적인 법칙을 실행했고, 예수님이 실제로 자신에게 말씀하셨다고 마음으로 믿었습니다. 그랬더니 그의 믿음대로 현실에서 그대로 일어났을 뿐입니다.

믿는다는 것은 받아들이는 것

무엇을 '믿는다'는 것은 그것을 '진실로 받아들이는 것'입니다. 그래서 독일의 철학자이자 화학자인 파라켈수스는 앞에서도 이야기했듯, "믿는 대상이 참이냐 거짓이냐에 상관없이 동일한 결과를 얻을 것입니다"라고 말했습니다.

영적인 치유 원리와 치유 과정에는 단 하나의 믿음이 있습니다.

치유를 일으키는 것에는 많은 과정과 방법, 기법이 있고, 그것들 모두 결과를 냅니다. 어떤 특정한 기법이나 방법 때문이 아니라, 과정마다 존재하는 상상력과 믿음이 있기 때문입니다. 그 방법들 모두 유일한 치유의 원천, 즉 신에게 접속해 무한한 치유의 존재가 만물에 스며들고 어디에나 존재하게 됩니다.

부두교 주술사는 주문으로 결과를 냅니다. 하와이의 주술사나 신사고 운동New Thought, 19세기 미국에서 시작된 치료 운동으로, 범신론적 경향이 특징임, 크리스천 사이언스의 다양한 교파, 낭시 학파, 접골 요법 등도 마찬가지입니다. 이 모든 학파가 의식의 여러 층과 만나며 치유하게끔 끌어내고 있습니다.

인간의 불행과 고통, 괴로움을 덜어주는 방법이나 과정은 어느 것이나 좋습니다. 많은 교회에서 손을 얹는 안수를 하고, 또 어느 곳에서는 9일간 기도를 하고 성지를 방문합니다. 그것들은 모두 행하는 사람들의 정신적 동의와 신념에 따라 유익합니다.

당신 안에 있는 영적 능력이 유일한 존재이자 유일한 원인임을 깨닫고 그것에 전적으로 충성할 때, 당신에게는 어떤 지지도 필요 없게 될 것입니다. 그런 후에 당신의 신체를 만든 살아 있는 지성이 당신의 믿음과 상상력에 즉시 반응할 것입니다. 그러면 당신은 영적 치유를 즉각적으로 받게 될 것입니다.

만일 기도로 치아를 자라게 할 만한 의식 수준이 아니라면, 분명히 치과에 가야 합니다. 치과의사와 완벽한 신적인 구강 치료를 위해 기도하십시오. 당신이 외적 원인을 찾는다면, 그에 걸맞는 외적인 처리 방안을 찾아갈 것입니다.

결핵을 앓았던 가까운 친척이 있었습니다. 아버지의 폐가 심하게 손상되었다는 소식을 들은 아들은, 아버지의 병을 고쳐보겠다고 마음먹었습니다. 아들은 아버지가 사는 고향 집으로 돌아왔습니다. 그리고 한 수도사에게서 십자가 한 조각을 500달러에 사 왔다며 아버지께 보여 드렸습니다. (사실 아들은 길에서 주운 나무토막을 보석상에게 가져가서는 진짜처럼 보이도록 고리를 하나 박아 달라고 주문한 것입니다.) 그리고 아들은 이 십자가 조각이나 고리를 만졌던 사람은 모두 치유되었다고 아버지께 말했습니다. 그렇게 아들은 늙은 아버지가 잠자리에 들기 전, 고리를 잡아 가슴에 대고 조용히 기도하게끔 상상력에 불을 지폈습니다.

다음 날 아침, 아버지는 치유되었습니다. 필요한 모든 의료 검사를 다 해 봤는데 결핵 증상은 전혀 보이지 않았습니다.

우리는 길에서 주운 나무토막이 그의 병을 고친 것이 아니라는 사실을 알고 있습니다. 아픈 아버지를 치유한 것은, 강력하게 불붙은 상상력과 완전한 치유를 위한 기대감이었습니다. 상상력이 믿음이나 주관적인 감정과 결합했고, 그것이 치유를 불러온 것입니다.

아버지는 아들의 속임수를 전혀 알지 못했습니다. 만일 알았다면 병이 재발했을 수도 있습니다. 결과적으로 아버지는 결핵이 완전히 나았고, 그 후 15년을 더 살다가 89세에 생을 마쳤습니다.

상상의 대화가 필요한 이유

트로워드가 말했듯, 마음은 일종의 삼단 논법처럼 움직이게 됩니다. 그러니 전제가 바르면, 결론이나 결과도 바르게 나올 수밖에 없습니다. 주관적인 마음은 연역적으로만 추론하기 때문에 결론은 항상 전제와 조화를 이룹니다. 마음속에서 올바른 전제를 정립하십시오. 그러면 올바른 행동을 하게끔 마음이 움직일 것입니다.

마음의 내적 움직임은 행동으로 이어집니다. 외적 움직임과 행동은 마음의 내적 움직임에 대한 신체의 자동적 반응입니다. 훌륭한 결정을 내린 것에 대해 친구나 동료가 자랑스러운 것 또한 당신이 올바른 행동을 할 수 있도록 북돋을 것입니다.

독일의 시인이자 소설가, 극작가로 유명한 괴테는 어떤 문제와 곤경에 처했을 때마다 상상력을 활용했다고 합니다. 그는 어려운 문제와 마주하게 되었을 때 딱히 해결책이 떠오르지 않으면, 자신에게 옳은 길로 인도하는 친구가 있다고 생각하고 그 친구와 상상의 대화를 나누었습니다. 이때 상상의 대화였지만, 대화하는 동안 되도록 평소에 하던 몸짓과 목소리로 말했다고 합니다.

제가 진행하는 강의에 자주 참석했던 한 증권 중개인이 있습니다. 그가 경제적 어려움을 버티는 방법은 매우 간단했습니다. 바로 자신의 현명하고 건전한 판단과 적절한 주식 구매를 칭찬해주는 백만장자 친구와 상상의 대화를 하는 것이었습니다. 그는 이 상상의 대화를 마음속에 신념이 자리 잡을 때까지 생생하게 그리고 극적으로 지속했습니다.

러시아의 철학자 우스펜스키Ouspensky의 제자인 니콜스는 이렇게 말했습니다.

"내면의 대화에 주의를 기울이고, 그것이 당신의 목적과 일치하게 하십시오."

이 증권 중개인이 하는 내면의 대화는 자신과 고객을 위해 견실한 투자를 한다는 목표와 분명하게 일치했습니다. 그가 사업을 하는 주목적은, 현명한 조언을 통해 다른 사람들의 돈을 불리고, 재정적으로 번영하고자 함이었습니다. 이처럼 그는 마음의 법칙을 명백히 건설적으로 사용했습니다.

그는 낮에 규칙적이고 빈번하게 정신적 이미지를 마음에 되살렸습니다. 그리고 주관적인 패턴 안으로 깊이 들어갔습니다. 이 주관적인 패턴을 이내 객관적으로 구체화했습니다. 이렇게 일관된 정신적 이미지는 우리 마음의 암실에서 현상現像됩니다.

여러분도 마음속의 영화를 자주 상영하십시오. 마음의 스크린에 이미지를 자주 비추는 습관을 들이십시오. 어느 정도 시간이 지나면 그것이 습관으로 확고히 자리 잡게 되고, 당신이 마음의 눈으로 본 내면의 이미지는 객관적 세계로 표출될 것입니다.

사랑스럽고 좋은 것을 상상하라

많은 사람은 문제와 난관을 해결할 때 상상력을 활용하곤 합니다. 그들은 진실이라 상상하고 느끼면, 무엇이든 그대로 일어난다는 사실을 알기 때문입니다.

한 여성이 복잡한 소송에 휘말려 5년간 시달렸습니다. 해결책은 보이지 않고, 판결도 잇달아 연기되었습니다. 그녀는 제가 제안한 것처럼 문제 해결을 위해 변호사와 열띠게 논의하는 모습을 마음속으로 가능한 한 생생하게 그렸습니다.

그녀가 변호사에게 질문하면 변호사는 꼭 질문에 맞게 대답했습니다. 이어 그녀는 여러 해 전 프랑스의 한 정신치료학파가 암시했듯 그 모든 장면을 간단한 문장으로 요약했습니다. 그 문장을 변호사가 그녀를 향해 거듭 말하게 했습니다. 문장은 이렇습니다.

"조화롭고 완벽한 해결책이 나왔습니다. 사건 전부가 법정 밖에서 해결됐습니다."

그녀는 시간이 날 때마다 마음으로 그 이미지를 그렸습니다. 커피를 마시는 동안에도 몸짓과 목소리, 견고하게 준비한 이미지를 머릿속으로 상상했습니다. 반복해서 상상하다 보니, 이내 변호사의 목소리와 미소, 독특한 버릇까지 쉽게 상상할 수 있게 되었습니다.

그녀는 그 이미지를 주관적인 패턴, 규칙적인 노선이 되기까지 수시로 마음속에서 그렸습니다. 그 이미지는 그녀의 마음에 적히고, 내면에 새겨졌습니다.

우리는 평소에 상상력이 난무하지 않도록 단련해야 합니다. 과학은 순도를 강조합니다. 화학적으로 순수한 산물을 얻으려면 이와 관련 없는 다른 물질은 모두 없애야 합니다. 다시 말해, 찌꺼기는 분리해서 버려야 합니다. 그리고 두려움과 걱정, 파괴적인 내적 대화, 자책, 온갖 부정적인 것들과 마음이 연결되지 않도록 정신의 불순물을 제거해야 합니다. 그러고 나서 온 신경을 이상에 집중하고, 삶의 목적이나 목표에서 벗어난 것은 거부해야 합니다. 이상을 사랑하고 그것에 충실하며 정신적으로 몰두할 때 갈망하는 것을 획득할 수 있으니까요. 당신의 선택이 '무엇이든 사랑스럽고 좋은 것을 상상하겠습니다'가 되도록 하십시오.

상상력을 악한 쪽으로 이용한 사람들이 있습니다. 예를 들어, 어떤 어머니는 아들이 집에 늦게까지 들어오지 않으면 아들에게 뭔가 나쁜 일이 일어났을 것이라 상상합니다. 심지어 사고를 당해 병원 수술실에 있을지도 모른다고 생각합니다.

사업이 순조롭게 풀려도 부정적인 상황을 예상하는 사업가는 상상력을 파괴적으로 사용하는 예입니다.

그는 현재 일이 순탄해도 사업이 실패했다는 가정을 합니다. 그래서 창고가 비었다거나 파산해서 은행 잔고가 바닥을 보인다는 상황 또는 폐업 등 최악의 상황을 머릿속으로 그립니다.

이 부정적인 그림들은 실체가 없고, 거짓입니다. 다시 말해, 그가 두려워하는 것은 우울한 상상 속 외에는 존재하지 않습니다. 두려움 속에서 우울한 이미지를 계속 그리지 않는 한 그는 실패하지 않을 것입니다. 물론, 계속해서 우울한 이미지를 그린다면 사업이 실패할 수 있겠지요. 현재 그는 실패와 성공 사이에서 실패를 선택하고 있을 뿐입니다.

건설적이고 조화로운 내적 언어

늘 걱정이 많은 사람이 있습니다. 그들은 좋고 사랑스러운 것을 생각하는 법이 없습니다. 언제나 나쁘고 파괴적인 일만 생길 것이라고 믿는 듯합니다.

그들은 좋은 일이 생길 것에 대해서는 단 한 가지 이유도 말하지 못합니다. 반면에 끔찍하고 나쁜 일이 생길 이유는 수만 가지나 댈 준비가 되어 있습니다.

왜 그럴까요? 이유는 간단합니다. 이런 사람들은 부정적 생각을 하는 것이 버릇이기 때문입니다.

그들이 대체로 하는 생각들의 특성은, 부정적이고 혼란스러우며 파괴적이고 우울합니다. 이처럼 부정적인 사고 패턴을 계속 습관처럼 한다면 잠재의식도 부정적으로 조정됩니다. 상상력은 지배적인 기분과 감정의 지배를 받기 때문에, 이런 사람들은 불길한 일만 계속 상상합니다. 심지어 사랑하는 사람들에 관해서도 말입니다.

가령 아들이 군에 입대하면 감기에 걸린다거나 알코올에 중독되거나 도덕적으로 느슨해질지도 모른다고 상상합니다. 또는 전장에 나가면 총상을 입는다는 등 온갖 종류의 파괴적인 이미지를 머릿속에 그립니다. 이는 습관에 따른 최면에 기인한

것이고, 결과적으로 이런 사람들은 아무리 기도해도 응답받기
어렵습니다.

지금부터라도 건설적이고 조화로운 생각을 하십시오.

사람은 생각하는 대로 말하게 됩니다. 당신의 말이 꿀처럼
마음에 달고, 뼈에 양약이 되게 하십시오. 당신의 말이 '은쟁반
의 금사과'가 되게 하십시오. 미래는 성숙한 현재이고, 당신이
내뱉은 말은 눈에 보이지는 않지만 분명히 당신의 생각을 나
타냅니다.

당신의 말이 달콤하게 느껴집니까? 현재 당신의 내적 언어
는 어떻습니까? 내적 언어는 아무도 듣지 않는 당신의 조용한
생각입니다.

어쩌면 당신은 자신에게 이렇게 말하고 있을지도 모르겠습
니다. '나는 할 수 없어. 그것은 불가능해. 나는 나이가 너무 많
아. 내게 무슨 기회가 있겠어? 메리라면 할 수 있겠지만, 나는
아니야. 나는 돈이 없어. 나는 이러저러한 것을 감당할 능력이
없어. 나는 지쳤어. 다 소용없어.'

이러한 말들은 꿀과 같지 않고 마음에 달지 않으며, 당신을
고양하거나 고무하지 않습니다.

은쟁반 위에 놓인 금사과처럼

우스펜스키는 내적 언어나 내적 대화가 중요하다고 늘 강조했습니다. 내적 언어야말로 당신이 속으로 느끼는 실제 방식입니다.

당신이 내뱉은 말이 당신을 칭찬하고 황홀하게 하며 행복하게 합니까? 뼈는 지지와 대칭을 상징합니다. 당신의 내적 대화가 당신을 지지하고 강건할 수 있게 만드십시오.

이제 마음을 정하고 뜻을 담아 "지금부터 나는 오로지 나를 치료하고 축복하며, 격려하고 힘을 주는 견해와 생각만 마음에 받아들이겠다"라고 말하십시오.

지금부터 당신의 말이 '은쟁반의 금사과'가 되게 하십시오.

사과는 달콤한 과일입니다. 금은 '힘'을 상징합니다. 성경에서 은쟁반은 '갈망'을 의미합니다. 마음의 '쟁반'은 당신이 원하는 상황이자 갈망이 충족된 상황입니다. 그것은 새로운 위치나 건강이 될 수 있습니다.

당신의 말과 조용한 생각 그리고 느낌이 갈망과 일치하게 하십시오. 그러면 이것들은 정신적으로 결합하고, 하나가 된 갈망과 생각은 곧 기도에 응답할 것입니다.

당신의 말이 귀에 달게 하십시오. 당신은 현재 당신의 귀에 무엇을 들려주고 있습니까? 당신은 무슨 말을 듣고 있습니까? 무엇에 관심을 기울입니까? 당신이 관심을 기울이는 것이 당신의 경험 세계에서 자라고 확장하며 배가할 것입니다.

비슷한 것끼리는 서로 끌어당긴다

당신의 경험과 환경, 상황, 조건뿐만 아니라 신체적 건강과 재정 상태, 사회생활 등은 당신의 정신적 이미지에서 만들어집니다.

비슷한 것끼리는 서로 끌어당깁니다. 당신의 세계는 당신의 생각과 느낌, 신념, 내적 대화라는 내적 세계를 투영하는 거울입니다. 만일 당신에게 적대적으로 작용하는 악한 힘이나 징크스 또는 적대적인 사람이 있다고 상상해보십시오. 아마 당신의 깊은 마음이 그 부정적인 이미지와 두려움에 부합하여 반응할 것입니다. 그 결과, 당신은 모든 것이 당신에게 적대적이거나 스스로 운이 없다고 말하고, 업보 또는 과거의 삶이나 그 외 어떤 귀신을 탓하게 됩니다.

당신이 탓할 것은 무지입니다. 고통은 단순한 벌이 아닙니다. 당신이 내적 능력을 제대로 사용하지 못한 결과입니다. 유일한 진리로 돌아오십시오. 그리고 유일한 영적인 힘이 존재하며, 그것은 당신의 생각과 이미지를 통해서 기능하는 사실을 깨달으십시오.

모든 문제, 성가신 일, 갈등은 인간이 두려움과 잘못이라는 거짓 신들을 쫓아 헤매고 있어 생깁니다. 당신 안에 있는 이 영적인 힘, 곧 온 생명의 원리가 지닌 통치권과 권위를 인정하십시오. 신의 안내와 힘, 자양분, 평화를 주장하십시오. 그러면 그 힘이 당신의 주장에 부응해 응답할 것입니다.

한 재단사가 좋아하는 말이 있습니다. "제가 하는 모든 일은 덧셈입니다. 뺄셈은 절대로 하지 않습니다."

그는 성공을 플러스 부호로 여겼습니다. 당신도 당신의 성장과 부, 힘, 지식, 믿음, 지혜에 덧셈을 하십시오.

삶은 더하기, 죽음은 빼기입니다. 무엇이든 참되고 사랑스러우며 고귀하고 신성한 것을 상상하면서, 인생에 더하기를 하십시오. 그리고 성공한 자신을 상상하고 느끼십시오. 그러면 틀림없이 성공할 것입니다.

당신은 절대로 상황이나 환경, 조건의 노예가 아닙니다. 당신은 환경의 주인입니다. 그러나 처한 형편을 정신적으로 묵인하고 따르면, 상황의 피해자가 될 수 있습니다. 하지만 마음을 바꾸면 상황 역시 바꿀 수 있습니다.

어떤 영화배우가 있었습니다. 그는 정규 교육을 거의 받지 못했지만, 어렸을 때부터 영화배우가 되고 싶었습니다.

그는 들에서 건초를 뜯거나 소를 몰고 집으로 돌아올 때나 우유를 짜는 동안에도 대형 극장 간판에 걸린 자기 이름을 떠올렸습니다.

수년간 그렇게 자기 모습을 상상하던 그는, 드디어 영화계에서 일자리를 얻게 되었습니다. 그러다 드디어 극장에 걸린 자기 이름을 보게 되었습니다. 어렸을 때 계속 상상하며 꿈꾸던 그 장면을 말입니다.

그는 이렇게 말했습니다.

"저는 오래오래 상상하면 결국 성공하게 된다는 사실을 알고 있습니다."

당신에게 성공이란 무엇을 의미합니까? 당신은 분명 사람들과 좋은 관계를 유지하고 싶을 것입니다. 또, 당신이 선택한 일이나 직업에서 두각을 나타내길 바랄 것입니다. 멋진 집을 갖고, 쾌적하고 행복한 삶을 누리는 데 필요한 돈을 벌고 싶을 것입니다. 기도에 응답 받고, 당신 안에 있는 보편적 힘과 접촉하기를 원할 것입니다.

당신이 그토록 원하던 일을 하고, 그토록 갖고 싶었던 것을 소유한 자신을 상상하십시오. 상상력을 풍부하게 활용하세요. 성공한 당신의 모습을 상상하십시오. 성공을 자주 의식하고, 그것이 습관이 되게 하십시오. 그러면 꿈을 실현하는 데 필요한 모든 것으로 인도받을 것입니다.

매일 밤 성공을 느끼고 전적으로 만족한 상태에서 잠자리에 드십시오. 그러면 잠재의식에 성공의 아이디어를 심을 수 있습니다.

성공하기 위해 지금 당장 해야 할 일

판매 수당을 포함해 주당 40달러를 받는 약사가 있었습니다. 그러던 어느 날 그가 말했습니다. "저는 25년 뒤에 연금을 받고 퇴직할 겁니다." 그래서 저는 "당신의 가게를 내지 그러세요? 여기서 벗어나 목표를 높이세요! 자녀들을 위해 꿈을 가지세요. 어쩌면 당신 아들은 의사가 되고 싶고 딸은 음악가가 되고 싶어 할지도 모르지 않습니까?"라고 물었습니다.

그는 그럴 만한 돈이 없다고 대답했습니다. 그러나 이내 스스로 무엇이든 진실이라 생각할 수 있고, 개념을 품을 수 있다는 사실을 자각했습니다.

목표를 향한 첫 단계는 마음속 아이디어의 탄생이고, 두 번째는 아이디어의 발현입니다.

약사는 자기 약국에서 일하는 자신을 상상하기 시작했습니다. 그리고 그 현장에 진심으로 들어갔습니다. 약병을 정리하고 처방전을 내주는 자신과 고객을 맞이하는 여러 명의 약사를 상상했습니다. 또, 엄청난 액수가 찍힌 통장을 마음속에 그렸습니다. 그리고 마음속 상상의 약국에서 일했습니다. 마치 훌륭한 배우처럼 자신의 배역을 살았습니다. (마치 그 역이 실제로 자기 자신이고, 그렇게 될 것처럼 행동했지요.) 진심으로 역할에 빠져 움직이고 살며, 약국이 자신의 것이라는 가정 속에서 행동했습니다.(그 뒤에 일어난 일이 무척 흥미롭습니다.)

그는 다니던 직장에서 해고되어 큰 체인점으로 자리를 옮겼고, 거기서 매니저가 된 후에 지역 관리자로 승진했습니다.

그는 그곳에서 4년간 열심히 돈을 벌어 자신의 약국을 차릴 계약금을 마련했습니다. 마침내 약국을 차려 '꿈의 약국'이라 불렀습니다.

"제가 상상 속에서 본 정확히 그 약국이었습니다"라고 그가 말했습니다. 그는 자신이 선택한 분야에서 성공했고, 자신이 좋아하는 일을 하며, 행복해했습니다.

저는 "결과를 묵상하고 갈망을 의식적으로 받아들인 다음에는 무엇을 해야 하나요?"라는 질문을 자주 받습니다. 이 질문에 대한 답은 간단합니다. 그것은 바로 '그 이상이 펼쳐지는 데 필요한 일을 하는 것'입니다.

잠재의식의 법칙은 충동이고, 생명의 법칙은 작용과 반작용입니다. 당신이 하는 행동은 마음과 내면의 감정, 확신이 일으키는 내적 운동에 대한 자동적인 반응입니다.

몇 개월 전, 제가 쓴 책 중 가장 유명한 책인《믿음의 기적Magic of Faith》 프랑스어판을 읽고 있는 제 모습을 상상했습니다. 그 책이 모든 프랑스어권 나라에서 판매되고 있고, 그것을 실제라 상상했습니다. 몇 주에 걸쳐 매일 밤을 그렇게 상상하면서, 프랑스어판《믿음의 기적》을 손에 쥔 저의 모습을 그리면서 잠이 들었습니다. 그러던 중 1954년 크리스마스를 앞두고 프랑스 파리에 있는 한 유수의 출판사로부터 편지를 받았습니다. 모든 프랑스어권 국가에서 프랑스어판《믿음의 기적》을 출판하고 홍보할 수 있도록 허락해달라는 요청과 함께 계약서가

동봉되어 있었습니다.

여러분은 그 책을 출판하기 위해 제가 무엇을 했는지 궁금할 것입니다. 저는 아무것도 하지 않았습니다. 주관적 지혜가 그 문제를 인계받아, 제가 의식적으로 강구할 수 있는 어떤 방법보다 훨씬 나은 지혜 자체의 방식으로 성취했습니다.

겉으로 드러나는 당신의 모든 행동은 마음의 내적 움직임을 따릅니다. 내적 행동은 모든 외적 행동에 앞섭니다. 당신이 신체적으로 취하는 움직임 또는 객관적으로 행하는 행동 전부는, 이행해야 하는 행동 양식 중 일부일 뿐입니다.

결과를 인정하는 것은 그 결과를 실현하는 수단을 명령하는 것과 같습니다. 목적하는 결과를 성취했다고 믿으십시오. 그러면 그 결과를 받게 될 것입니다.

상상력이 끌어당김으로 연결되는 순간

여러분은 지금 당장 자기 행복을 부정하는 일을 중단해야 합니다. 당신 주변에 있는 그 모든 부를 막는 유일한 것은, 당신의 마음가짐과 인생, 세상을 바라보는 전반적인 방식임을 깨달으십시오. 당신이 원하는 것을 성취하고, 갖고 싶은 것이나 되고 싶은 것을 이룰 수 있다는 긍정적인 확언을 하십시오. 그리고 그것을 믿고, 그것에 따라 행동하십시오.

이처럼 상상력은 아이디어를 내고 그것에 옷을 입혀 형상화하는 능력이 있습니다. 그래서 상상력은 위대한 과학자와 예술가, 물리학자, 발명가, 건축가, 신비주의자들이 사용하는 강력한 도구입니다.

세상이 "그건 불가능해, 될 수 없어"라고 말할 때, 상상력을 가진 사람은 "된다!"라고 말했습니다. 당신도 상상력을 통해 실체 안으로 깊이 침투하고, 자연의 비밀을 밝힐 수 있습니다.

구멍가게에서 시작해 크게 성공한 기업가가 자신의 경험담을 들려주었습니다. 그는 세계 여러 나라에 지사를 둔 큰 어떤 기업의 이야기를 했습니다. 그는 마음의 신비한 힘을 통해 자신이 직접 꿈에 구체적인 옷을 입히고, 기본 뼈대를 만들 수 있다는 것을 알고 있었습니다. 그래서 마음으로 커다란 건물과 사무실, 공장, 상점을 규칙적이고 체계적으로 그렸습니다.

그는 번창했고, 아이디어와 사람들, 친구, 돈 등 이상을 펼치는 데 필요한 모든 것을 끌어당기기 시작했습니다. 보편적인 끌어당김의 법칙으로 말입니다.

그는 열정을 쏟아 상상력을 훈련하고 계발했으며, 상상이 실제 현실에서 모습을 띠기까지 마음속에 그 패턴을 담고 살았습니다.

다음과 같은 그의 지적이 특히 마음에 듭니다.

"성공한 자신을 상상하기란 실패한 자신을 상상하기만큼 쉽습니다. 그보다 훨씬 흥미롭기도 하고요."

우리 마음에는 품은 이미지에 응답하는 창조적 힘이 있습니다. 우리가 품는 정신적 이미지는 느낌에서 발전합니다. 오감은 한 가지 느낌이 변형된 것일 뿐입니다.

트로워드는 "느낌은 법칙이고, 법칙은 느낌이다"라고 말했습니다. 느낌은 힘의 근원입니다. 결실을 보려면 이미지를 느낌으로 채워야 합니다.

당신에게도 꿈과 이상, 계획, 인생의 목적 등이 있을 것입니다. 마음속의 갖가지 생각과 감정, 믿음, 의견이 우리에게 도전하고, 우리의 꿈을 하찮게 여기며 "너는 할 수 없어. 그건 불가능해. 잊어버려!"라고 말할 것입니다.

어쩌면 당신의 계획이나 야망을 조롱하는 다른 사람의 생각이 마음속으로 들어올지도 모릅니다. 마음속에서 당신은 이런 다른 생각들과 싸우고 저항에 맞닥뜨릴 것입니다.

마음속의 저항을 다루려면 감각적 증거와 겉모습에서 눈을 떼고, 목표와 목적을 분명하게 그리며, 그것들에 주의를 기울여 생각해야 합니다. 목표와 목적에 정신을 쏟을 때 창조적인 마음의 법칙이 작동하고 실현됩니다.

당신의 이상과 갈망을 의식으로 끌어올리십시오. 그것들을 높이고, 그것들에 온 마음을 기울이십시오. 이상을 찬미하고, 그것에 관심과 사랑을 쏟고 헌신하십시오. 이것을 반복하면 모든 두려운 생각이 고양된 마음 상태에 복종할 것입니다. 다시 말해, 두려운 생각이 힘을 잃고 사라지게 될 것입니다.

상상력이 정말 성공의 원천일까

우리는 결말을 상상하는 능력을 통해 모든 상황과 환경을 통제할 수 있습니다. 어떤 소망이나 갈망, 아이디어를 실현하려면, 마음속으로 그것이 성취된 모습을 그림으로 표현하십시오. 갈망이 실현된 상황을 계속 상상하십시오. 그러면 그것이 실제가 될 것입니다. 당신의 이상이 이미 실재한다고 상상하고 그 상상을 충실하게 계속한다면, 언젠가 그것이 구체화할 것입니다. 당신이 마음에 새긴 것을 당신 안에 있는 건축의 대가가 눈에 보이는 스크린에 투영할 것입니다.

요셉(상상력)은 색동옷을 입습니다. 성경에서 옷은 심리적인 덮개를 의미합니다. 당신의 심리적 옷은 당신이 취하는 마음가 짐과 기분, 감정입니다. 색동옷은 다이아몬드의 다양한 면 또는 아이디어를 형상화하는 능력을 의미합니다.

가난했던 친구가 호사를 누리며 사는 모습을 상상해도 좋습니다. 기뻐서 활짝 웃는 친구의 얼굴을 보고 있다고 상상하십시오. 친구는 당신이 듣고 싶은 말을 할 것입니다.

당신은 그에게서 보길 원하는 모습을 볼 수 있습니다. 즉, 그는 빛이 나고, 행복하며, 성공합니다. 당신의 상상력은 마치 색동옷과 같아서 어떤 아이디어나 갈망이든 옷을 입히고 구체화할 수 있습니다. 부족한 가운데서 풍요를, 분쟁이 있는 데서 평화를, 질병이 있는 데서 건강을 상상할 수 있습니다.

상상력은 의식의 첫 번째 능력으로, 다른 능력이나 요소들에 우선합니다. 상상력을 훈련하면 시공간을 무너뜨리고, 모든 한계를 뛰어넘을 수 있습니다. 고귀하고 신성한 개념과 아이디어를 계속 상상한다면, 당신의 영적 탐구 과정에서 상상력이 다른 모든 능력 중 가장 효과적임을 알게 될 것입니다.

아이디어와 갈망은 객관화되기 전에 먼저 순응해야 하고, 모든 아이디어는 그 아이디어가 나온 주관적인 마음으로 들어가야 합니다.

상상력은 모든 생각의 영역을 지배합니다. 당신이 두려움이나 질병, 결핍 또는 어떤 종류의 한계든 무언가에 갇혀 있더라도 상상력이 구해낼 수 있다는 사실을 기억하십시오. 당신은 언제 어디서든 자유를 상상할 수 있으며, 당신을 구속하는 것이 굴복할 때까지 계속 상상할 수 있습니다. 그러면 그 상상이 어둠 속에서 잉태의 단계를 거쳐 표출됩니다. 다시 말해 당신의 기도가 응답 받을 수 있습니다,

뛰어난 건축가를 생각해보십시오. 그는 아름답고 현대적인 도시를 마음속으로 건설하고, 멋진 건물과 수영장, 수족관, 공원 등을 지을 수 있습니다. 여태까지 지어진 그 어떤 건물보다 훨씬 아름다운 궁전을 마음속으로 지을 수 있고, 건설 계획을 내놓기 전에 완공된 건물을 그려 볼 수 있습니다. 그런 건물들은 어디에 있습니까? 바로 상상력 안에 있습니다.

멀리 떨어져 살아서 만나기 힘든 어머니도 상상력을 이용하면 자주 볼 수 있습니다. 그리고 마치 어머니가 눈앞에 있는 듯 또렷이, 생생하게 볼 수도 있습니다.

상상력은 당신이 가진 놀라운 능력입니다. 이 능력을 계발하고 발전시키면 성공하고 번영할 수 있습니다.

상상력을 단련하면 할 수 있는 일들

단련된 상상력은 마음의 다른 모든 능력에 우선하며, 의식과 잠재의식을 통제합니다. 상상력이 가장 우선이지만, 상상력은 과학적으로 통제할 수 있습니다.

저는 50여 년 전에 아버지와 함께 아일랜드의 라운드 타워를 감상하고 있었습니다. 아버지는 한 시간 정도 아무 말씀도 안 하시고 가만히 타워만 바라보며 깊은 생각에 잠기셨습니다. 그런 아버지를 보며 저는 무슨 생각을 하고 계시냐고 여쭈어 보았습니다. 아버지의 대답을 요약하면 다음과 같습니다.

세상의 위대하고 놀라운 아이디어들은 생각할 때만 자라고 발전하는데, 아버지는 라운드 타워를 구성하는 돌들의 연륜을 생각하며 혼자 상상의 나래를 펼치고 계셨던 것입니다. 그런 생각은 채석장까지 떠올리게 했습니다.

아버지는 돌들을 처음 떼어낸 채석장에서, 돌을 덮어둔 덮개를 벗겼습니다. 그리고 아버지는 내면의 눈으로 돌의 조직, 지질학적 특성, 합성과 특정한 형태가 없던 처음의 상태까지 보았습니다. 그렇게 모든 돌과 생명체가 하나를 이루고 있던 때까지 상상하게 되었습니다. 아버지는 신적인 상상력으로 라운

드 타워를 보면서 아일랜드인의 역사를 재현하는 일이 가능하다는 것을 깨달았습니다.

아버지는 상상력으로 타워 안에 살던 사람들을 만나고, 그들의 목소리를 들을 수 있었습니다. 아버지의 상상 속에서 현장이 되살아났습니다. 상상력의 힘을 통해 라운드 타워가 아직 세워지지 않았던 시대로 거슬러 올라갈 수 있었습니다. 그 돌들을 처음 캐낸 장소와 사람들, 구조물의 목적, 관련된 역사의 드라마를 마음속에서 엮기 시작했습니다. 아버지는 "수천 년 전에 사라진 사람들과 사물들의 감촉이 느껴지고 움직이는 소리까지 들리는 듯했다"라고 말씀하셨습니다.

이처럼 주관적인 마음은 만물에 스며듭니다. 만물 안에 주관적인 마음이 있고, 주관적인 마음에서부터 실체가 만들어집니다. 영원이라는 보물 창고가 건물을 구성하는 돌들 속에 있습니다. 생명이 없는 것은 존재하지 않습니다. 모든 것이 그 다채로운 형상 안에 생명을 품고 있습니다. 정말이지 상상력이라는 능력을 통해 우리는 자연의 보이지 않는 비밀을 알아낼 수 있고, 의식의 저 깊은 곳도 헤아릴 수 있습니다. 존재하지 않는 것을 마치 존재하는 것처럼 여겨 안 보이는 것을 볼 수도 있습니다.

어느 날 저는 공원에 앉아 석양을 바라보았습니다. 그때 문득 해가 마치 로스앤젤레스에 있는 집 한 채 같다는 생각이 들었습니다. 보이는 해 뒤로 더 큰 해가 있고, 그렇게 무한대로 반복되었습니다. 그렇게 저의 상상력은 은하계 너머로 무한히 펼쳐지는 수많은 태양과 태양계를 생각해 내고, 묵상했습니다.

지구는 그저 끝없이 펼쳐지는 해안가의 모래 알갱이 하나와 같습니다. 부분만 보지 말고 전체, 만물의 조화를 보십시오. 어떤 시인이 말했듯, 우리는 모두 "하나의 거대한 완전체의 부분이며, 그 완전체의 본질은 신, 곧 정신"입니다.

실제로 모든 종교는 인간의 상상력에서부터 탄생했습니다. 텔레비전과 라디오, 레이더, 초음속 제트기를 비롯해 현대의 모든 발명품이 상상력에서 나오지 않았습니까? 상상력은 무한한 보물 창고로, 우리에게 음악과 미술, 시, 발명품이라는 귀중한 보물을 풀어놓아 줍니다.

우리는 고대의 폐허, 오래된 신전, 피라미드를 바라보다가 소멸한 과거의 기록을 되살릴 수 있습니다. 또, 오래된 예배당 뜰에서 찬란하게 일어나는 현대 도시를 볼 수도 있고, 현실은 빈곤과 결핍에 매여 있거나 철창에 갇혀 있더라도 상상력을 통해 꿈도 꾸지 못할 차원의 자유를 찾을 수 있습니다.

여러분은 혹시 프랑스 파리의 하수구 청소부였던 청년이, 어떻게 '칠층천'이라는 천국의 마음 상태를 상상했는지를 아십니까? 그 청년은 일하느라 낮에 빛을 볼 시간도 없는 사람이었는데 말입니다.

목회자이자 작가인 존 버니언John Bunyan은 감옥에서 위대한 걸작 《천로역정Pilgrim's Progress》을 썼습니다. 존 밀턴John Milton은 시각장애를 뛰어넘어 내면의 눈으로 보고, 상상력을 덧붙여 《실낙원Paradise Lost》을 씀으로써 사람들에게 천국의 모습을 보여주었습니다.

상상력은 밀턴의 영적인 눈이었고, 그것으로 그는 시간과 공간, 문제를 무력화했고, 눈에 보이지 않는 존재와 능력에 대한 진실을 드러냈습니다.

천재란 잠재의식과 조화를 이루는 사람입니다. 천재는 이 만물의 보고에 접속해, 문제의 해답을 얻을 수 있으니 땀 흘리며 애써서 일할 필요가 없습니다. 천재적인 사람은 상상력을 매우 높은 수준까지 개발합니다. 모든 위대한 시인과 작가는 상상력을 부여받아 고도로 계발하고 발전시켰습니다.

저는 옛이야기와 우화 그리고 신화에 귀 기울이는 윌리엄 세익스피어^{William Shakespeare}를 볼 수 있습니다. 그가 자리에 앉아 모든 등장인물을 마음속으로 기록하고, 그들에게 머리칼, 피부, 근육, 뼈를 조금씩 붙이는 모습도 상상할 수 있습니다. 그렇게 그는 인물마다 생기를 불어넣고, 생생히 살아나게 하여 우리가 그들의 이야기를 읽을 수 있게 해줍니다.

상상력을 사용해 하늘에 계신 아버지의 일을 시작하십시오. 여기에서 말하는 '아버지의 일'이란, 당신이 가진 지혜, 기량, 지식, 재능을 드러내는 일입니다. 그리하면 당신과 당신 주위 사람들까지 축복할 수 있습니다. 당신이 작은 가게를 운영하고 있다면 그것 역시 아버지의 일을 하고, 상상으로 더 큰 가게를 운영하며, 사람들에게 더 좋은 서비스를 제공하는 당신을 느낄 수 있습니다.

글을 쓰는 작가라면, 당신 또한 아버지의 일을 할 수 있습니다. 영적이고 예술적인 사고력을 이용해 남에게 대접을 받고자 하는 것처럼 대접하라는, 황금률을 가르치는 이야기를 창작해 발표하십시오. 그리하면 당신의 글은 대중의 마음을 사로잡고 크게 관심을 끌게 될 것입니다.

인간에 대한 진실은 언제나 경이롭고 아름답습니다. 소설이나 단편을 쓸 때 진리에 사랑스러움과 아름다움의 옷을 입히고 있다고 확신하십시오.

최고 경지에 오르고 싶다면

이제 당신은 도토리 한 알을 보면, 상상력의 눈을 떠 강과 시내, 개울이 가득한 웅장한 숲을 건설할 수 있습니다. 또, 그 숲을 온갖 생명체로 가득 채울 수 있습니다. 그뿐만 아니라 다양한 모양의 구름을 걸쳐놓을 수도 있고, 사막을 보면 장미꽃을 보듯 기뻐하며 활기를 불어넣을 수도 있습니다.

직감과 상상력이 있는 사람이라면 사막에서 물을 발견하고, 다른 사람들은 단지 사막과 광야만을 보던 곳에 도시를 건설할 것입니다. 도시의 건축가는 우물을 파고, 집을 짓기 전에 이미 건물과 샘을 봅니다.

오랜 시간의 힘든 노동이나 밤샘 작업이 밀턴이나 셰익스피어, 베토벤의 작품을 만드는 것은 아닙니다. 상상력을 통해 보이지 않는 것을 분명히 보는 고요한 시간을 가짐으로써 위대한 일을 완수할 수 있습니다. '스스로 존재하시는 분'의 형언할 수 없는 아름다움이 당신의 캔버스에 표현되는 것을 상상할 수 있습니다.

당신이 아름다움을 사랑하는 예술가라면, 예술에 대한 영감의 순간이 당신에게 찾아올 것이며, 그 순간은 힘든 정신노동이나 노고와는 상관없을 것입니다.

한 시인을 만났습니다. 그는 시를 카드에 인쇄해 크리스마스 기간에 팔았습니다. 그가 쓴 시 중 어떤 것은 영적인 사랑에 관한 아름다운 보석처럼 느껴졌습니다.

시인은 마음을 고요히 가라앉히면 사랑스러운 장면과 함께 단어들이 떠오른다고 말했습니다. 꽃들과 사람들, 친구들이 또렷하게 떠올라 이런 사랑스럽고 예쁜 이미지들이 그에게 말을 걸거나 이야기를 한다고 했습니다. 그래서 크게 노력하지 않아도 시나 노랫말 또는 자장가 한 곡이 머릿속에서 완성되는 경우가 빈번하다고 했습니다. 그의 습관은 사람들의 가슴을 휘젓는 아름다운 시를 짓는 자신을 상상하는 것이었습니다.

영국의 시인 셸리Percy Bysshe Shelley는 '시란 상상력의 발로'라고 했습니다. 시인이 사랑을 묵상하고, 그것에 대해 뭔가 쓰고 싶어한다면, 내면에 있는 지성과 지혜가 그의 마음을 휘젓고, 신적인 아름다움과 영원한 사랑에 눈을 뜨게 해서 지혜와 진리, 아름다움의 옷을 입은 언어로 표현하게 합니다.

위대한 음악가는 우리 내면에 있습니다. 악기를 연주하거나 작곡하는 일을 한다면, 당신 또한 아버지의 일을 하고 있다고 확신하십시오. 아버지의 일은 내면의 음악이 당신을 통해서 사랑의 노래를 연주한다는 사실을 묵상하고 느끼며, 기도하고 깨닫는 것입니다. 그러면 당신은 이전과는 차원이 다른 연주를

하게 될 것입니다.

에디슨의 모든 발명품은 먼저 그의 상상 속에서 잉태되었습니다. 또, 위대한 발명가이자 과학자인 니콜라 테슬라^{Nikola Tesla}도 마찬가지였습니다.

미국의 의학자이자 소설가인 올리버 웬들 홈스^{Oliver Wendell Holmes}는 "세상에는 이상을 그리고 상상하며 예측하는 세 가지 층위의 사람들이 필요하다"고 말했습니다.

저는 헨리 포드^{Henry Ford}가 세상에 자동차를 선보일 수 있었던 이유가 평소 꾸준히 상상하고 꿈꾸는 능력 덕이었다고 생각합니다.

상상력으로 시공간의 모든 장벽을 제거할 수 있고, 내면의 눈으로는 과거를 재건하고, 미래를 계획할 수 있습니다. 상상력은 훈련하고 영적으로 승화하면 인간의 가장 고상한 특성이 됩니다.

동이 트면 나아가라

몇 해 전, 한 젊은 화학자와 대화를 나눴습니다. 그가 말하길, 선배들이 수년 동안 어떤 독일 염료 제조법을 연구하다가 결국 실패했다고 했습니다. 그러던 그는 그 선배들과 함께 연구하게 되었습니다.

선배들이 염료 제조 연구에 실패했다는 사실을 몰랐던 그는, 아무 어려움 없이 화합물을 합성했습니다. 선배들은 놀라며 성공 비결을 궁금해했습니다. 그의 비결은, 자신이 해답을 안다고 상상하는 것이었습니다.

선배들이 연구 결과에 대해 묻자, 그는 마음속에서 강렬한 붉은 색으로 쓴 '해답'이라는 글자를 보았고, 그 글자 밑에 공백을 만들어두었다고 했습니다. 자신이 상상한 것처럼 잠재의식이 그 공백을 채울 것이라는 사실을 미리 알아차렸기 때문입니다.

연구에 성공한 셋째 날 밤, 그는 완전한 공식과 화합물을 만드는 기술이 뚜렷하게 제시되는 꿈을 꾸었습니다.

우리는 실제적인 꿈을 꾸는 사람이 되어야 합니다. 그러니 반드시 꿈을 이루겠다고 결심하십시오.

이제 뒤로 물러나 사물의 외양과 감각적 증거에서 관심을 떼십시오. 당신이 간절히 바라는 것이 감각적으로는 부정된다고 하더라도, 그것이 진실이라고 마음으로 확언하십시오. 두려움과 의심의 가짜 신들을 찾아헤매는 대신, 당신 안에 있는 전능한 영적인 힘 안에서 마음을 쉬게 하십시오.

당신의 고요한 마음속에 단 하나의 유일한 힘이자 유일한 존재가 있다는 사실을 깊이 생각하십시오. 이 유일한 힘이자 존재가 안내자요, 힘이며, 평화요, 영혼의 양식이 되어 당신의 생각에 응답하고 있습니다.

여러분은 크리스토퍼 콜럼버스Christopher Columbus가 아메리카 대륙을 발견한 이야기를 들어봤을 것입니다.

그가 아메리카 대륙을 발견할 수 있었던 것은 상상력 덕분이었습니다. 상상력에 더해 신적 능력에 대한 믿음이 그를 이끌고 마침내 성취하게 했습니다.

선원들은 "모든 희망이 사라지면 당신은 어떻게 합니까?"라고 그에게 물었습니다. 그의 대답은 다음과 같았습니다.

"동이 트면 나아가라. 계속 나아가라."

여기에 그의 성공 비결이 있습니다.

끝까지 믿으세요. 발을 내디딜 때마다 믿음을 가지십시오. 끝까지 지속하고, 마음속으로 끝을 보았으니 마음속으로 확실히 성공할 수 있노라 이해하십시오.

상상력은 성공의 작업장

때때로 모든 사람이 자신의 견해를 재조정한다면 아주 멋질 것 같습니다. 자신의 신념과 의견을 점검하고, '나는 왜 이렇다고 생각하는가? 이런 견해는 어디서부터 비롯되었을까?'라고 자신에게 정직하게 묻는다면 말입니다.

어쩌면 우리가 고수하는 많은 견해와 이론, 신념, 의견은 완전히 잘못된 것일지도 모릅니다. 그러나 그 진실 여부나 정확성에 관해 의심이나 조사 없이 진실로 받아들였을 수도 있습니다. 선조들이 그렇게 믿었다고 해서 우리도 그래야 할 이유는 없습니다.

어떤 사람은 할머니가 믿었던 것이니 그 견해가 사실이라고 말했습니다. 하지만 이 말은 터무니없는 말입니다.

많은 사람은 진실이 아닌 것을 믿기도 합니다. 여러 세대에 걸쳐 대대로 내려온 것이 반드시 타당하다거나 최종적이고 권위가 있는 것은 아닙니다.

앞에 언급한 사람은 할머니를 굳게 믿고, 악의가 없었지만, 심리적인 사실들에 관해 과민했습니다. 이 사람은 성경의 모든 내용을 문자 그대로 받아들였습니다. 이런 사람은 편견과 미신에 따라 움직이고, 자신의 신념과 견해 또는 이미 형성된 관념에 일치하지 않는 것이라면 모두 반대합니다.

우리 마음은 낙하산과 같아야 합니다. 낙하산은 펼칠 수 있습니다. 만약 낙하산이 펼쳐지지 않는다면, 이것은 쓸모없습니다. 마찬가지로 새로운 진실들에 눈과 마음을 열어야 하고, 새로운 진실과 지식을 갈망하며, 갈구해야 합니다. 우리는 새로운 진실과 지식을 통해 믿음과 이해력에 날개를 달고, 문제들 위로 높이 날아오를 수 있습니다.

오늘날 전 세계적으로 유명한 생물학자나 물리학자, 천문학자, 수학자들에게는 생생하고, 과학적으로 상상하는 능력이 있습니다. 예를 들자면, 알베르트 아인슈타인Albert Einstein의 상대성 이론은 먼저 그의 상상 속에서 존재했다고 합니다. 이제 당신도 상상력을 펼쳐보세요.

당신 안에 디자이너와 건축가, 직조공이 있습니다. 그는 당신의 마음과 생각, 감정, 신념이라는 직물을 이용해 당신에게 평화 또는 불화, 건강이나 질병을 일으키는 삶의 양식을 주조합니다. 당신은 셋째 하늘까지 올라가는 삶을 상상할 수 있으며, 그곳에서 형언할 수 없는 신성한 것들을 볼 것입니다. 때로는 비뚤어지고 왜곡된 상상력을 통해 밑바닥까지 타락할 수도 있습니다.

당신은 사업을 할 때도 놀라운 방식으로 상상력을 활용할 수 있습니다. 항상 상대편 입장이 되어 생각하십시오. 그러면 당신은 자연스럽게 무엇을 해야 할지 알게 될 것입니다.

당신이 보고 싶은 것을 상대방이 그대로 보여준다고 상상해 보십시오. 상대방을 눈에 보이는 대로가 아니라 원래 모습으로 보십시오. 어쩌면 그가 무례하거나 빈정대거나 불쾌한 사람일 수 있습니다. 또는 적대적인 생각을 하거나 마음속에 좌절된 소망과 비극을 잔뜩 품고 있을지도 모릅니다. 그러나 무엇이든 사랑스럽고 좋은 것을 생각하십시오.

세상에서 가장 위대하고 풍요로운 미술관은 진리와 아름다움에 헌신한 마음의 미술관입니다. 레오나르도 다빈치는 '상상력'이라는 타고난 재능을 사용해서 예수님과 열두 제자, 그리고 그들이 의미하는 것을 묵상했습니다.

묵상에 깊이 잠긴 채 자신 안에 있는 무한한 보물 창고에서 완벽한 그림을 꺼내어 본 그의 내면의 눈은 광명으로 빛났습니다. 그는 예수 그리스도가 십자가에 못 박히기 전날 밤에 제자들과 함께 나누신 마지막 만찬인 〈최후의 만찬〉이라는 그림을 완성했습니다.

당신이 고요한 호숫가에 와 있다고 상상해보세요. 잔잔하고 시원하며 평온한 수면이 어떻게 하늘빛을 반사하는지 주의해서 보십시오. 그리고 영적인 사람의 고요한 마음이 내적인 빛과 지혜를 어떻게 투영하는지도 주의해서 보십시오.

마지막으로, 평소 당신이 꿈꾸던 인생을 그려보십시오. 그리고 그런 인생을 살도록 노력하십시오. 이상이 당신의 상상력을 사로잡게 하고, 그 이상에 전율하십시오. 그리하면 당신은 당신의 마음을 지배하는 이상에 따라 움직이게 될 것입니다. 삶의 이상은 천국의 이슬과 같아서 마음의 메마른 지역으로 이동해 생기를 되찾게 하고, 활기를 북돋울 것입니다.

이제 우리는 상상력이 무엇인지 알게 되었습니다. 상상력은 우리를 마음속 깊은 곳으로 돌아가게 하는 강과 같습니다. 개울과 시내는 당신의 아이디어와 느낌이며, 모든 사람에게로 향하는 당신의 사랑과 선의의 발산입니다.

세상을 바라보면 질병과 혼돈, 인간의 서로에 대한 비인간적인 행위가 보입니다. 상상력을 단련한 사람은 모든 외양과 불화, 감각적 증거 위로 날아오르고, 만물을 통해 만물 안에, 그리고 만물 뒤에 작용하는 '조화'라는 최고 원칙을 봅니다.

그는 신적인 이미지를 통해 만물에 작용하는 '정의'라는 영원한 법칙, 영원히 지속되는 평화, 전 우주를 지배하는 한없는 사랑이 존재함을 알게 됩니다. 가슴에서 솟아나는 이 진리들은 영원한 진리에서 탄생하며, 영원한 진리는 상상력을 통해 외양의 덮개를 꿰뚫고 신의 의도를 드러냅니다.

상상력은 독보적이고 영적인 보배들을 만들어내는 작가들의 작업장입니다. 이 작가들은 신적인 존재의 섬세한 아름다움을 드러내는 데 뛰어난 능력을 지니고 있습니다.

조셉 머피의 '기적의 한마디'

1. 당신이 상상하고 믿고 생각하는 그대로 이루어집니다.

2. 믿음과 기대감에 반응해 몸이 치유됩니다.

3. 내적 대화나 내적 이미지를 통해 지혜를 얻을 수 있습니다. 마음속으로 진실이라고 믿는 것이 그대로 현실에서 일어납니다.

4. 마음을 단련해야 합니다. 무엇이든 사랑스럽고 좋은 것을 상상하고 생각하는 것이 좋습니다. 당신의 세계는 당신의 생각과 느낌, 신념, 내적 대화라는 내적 세계를 반영합니다.

5. 성공한 자기 모습을 상상하고 느껴 보십시오. 목적하는 결과를 해냈다고 믿으면, 믿음대로 이루어지게 될 것입니다. 감각적 증거와 겉모습에서 눈을 떼 목표와 목적을 그린 후 그것들에 주의하십시오.

6. 무한한 능력을 지닌 상상력의 힘을 신뢰하십시오. 상상력을 훈련하고 잠재의식에 접속하면, 위대한 일을 할 수 있습니다. 상상력은 내면의 보물 창고와도 같습니다.

잠재의식을 비즈니스에 활용하기

머릿속에 생생하게 그려보라

이제부터 잠재의식에 아이디어 또는 정신적 이미지를 얼마나 분명하고 긍정적으로 전달할 수 있는지 설명해보겠습니다.

인간의 잠재의식은 개인적이고 선택적이어서 선택하고 따져보거나 조사하고 분석하여 연구할 수 있습니다. 이것은 귀납적이고 연역적인 추론도 가능합니다.

주관적인 잠재의식은 의식에 영향을 받기 쉽습니다. 그래서 잠재의식을 '의식의 하인'이라 불러도 좋습니다.

잠재의식은 의식의 명령에 따릅니다. 곧 당신의 의식적인 생각은 힘을 갖습니다. 생각은 습득된 힘이 됩니다. 당신의 생각 뒤에는 정신, 영 또는 신이 있어 일정한 방향으로 인도되고, 집중된 생각들은 주관적인 수준에 도달하며, 알맞은 강도에 이릅니다. 알맞은 강도는 집중을 통해 얻을 수 있습니다.

집중한다는 것은 중심으로 돌아가 우리 안에서 쉬고 있는 무한한 힘을 묵상하는 것입니다.

당신은 집중할 때 모든 생각을 모아 이상과 목표 또는 목적에 온 신경을 맞춥니다. 이제 하나의 중심점에서 모든 관심을 마음의 이미지에 쏟습니다. 관심을 한곳에 집중하는 과정은 돋보기를 이용해 태양 광선을 모으는 것과 같습니다.

여러분은 태양열이 분산되었을 때와 한곳으로 집중되었을 때 방출되는 열의 차이를 알 것입니다. 돋보기를 이용해 태양 광선을 한곳에 모으면, 그 아래에 있는 물체에 불이 붙습니다. 돋보기로 광선을 이끌어 특정한 물체를 태울 수 있는 셈입니다. 당신의 정신적 이미지를 꾸준히 한곳에 집중하면 그와 같은 강도를 얻을 수 있고, 깊고 지속적인 인상이 민감한 잠재의식에 만들어집니다.

이런 마음의 드라마를 반복하면 잠재의식에 깊이 각인됩니다. 마음 깊이 스며들게 하는 비결은, 지속해서 상상하는 것입니다. 낮에 두려움과 걱정이 찾아오면, 당신의 마음속에 있는 멋진 그림을 응시하면 됩니다.

마음속 암실에서 현재 심리 법칙이 분명하게 작동하고 있다는 사실을 깨달으십시오. 그렇게 할 때 당신은 정말로 씨앗에 물을 주고 비료를 주는 것입니다. 그렇게 하면 씨앗은 점점 빨리 자랍니다.

인간의 의식은 모터이고, 잠재의식은 엔진입니다. 당신이 모터를 가동해야 엔진이 돌아갑니다. 의식은 잠재의식의 힘을 깨우는 발전기와 같습니다.

당신의 명확한 갈망과 아이디어나 이미지를 마음속 깊이 전달하는 첫 단계는, 긴장을 푼 상태에서 주의를 고정한 후, 조용히 그리고 가만히 있는 것입니다. 마음을 고요하고 평화롭게 유지하면 심란한 상황과 마주치지 않을 수 있습니다. 더욱이 심리적으로 조용하고 수용적이며, 저항이 없을 때는 애써 힘들이지 않게 됩니다.

두 번째 단계에서는, 갈망하는 것을 현실적으로 상상합니다. 예를 들어, 당신은 집을 팔고 싶어 합니다.

예전에 부동산 중개인들과 상담할 때, 제가 개인적으로 집을

판 방법에 대해 이야기를 나눴습니다. 그들은 그 방법을 적용해 놀라운 결과를 얻었습니다. 그 방법은 이렇습니다.

저는 팔려고 했던 집 앞마당에 '소유주 직접 판매'라고 적은 팻말을 세웠습니다. 팻말을 세운 다음 날부터 잠자리에 들 때 저 자신에게 "이 집이 팔리면 무엇을 할까?"라는 질문을 하고, 스스로 대답했습니다.

"팻말을 뽑아 창고에 던져넣을 것이다."

상상 속에서 저는 팻말을 땅바닥에서 뽑아 어깨에 짊어지고는 창고 바닥에 던지며 장난스럽게 말했습니다.

"이제 더는 네가 필요 없다!"

저는 다 되었음을 깨닫고 내적 만족감을 느꼈습니다.

이튿날 한 남자가 와서 보증금 1천 달러를 내며 말했습니다.

"팻말을 없애고 계약 조건을 논의합시다."

저는 즉시 팻말을 뽑아 창고에 넣었습니다. 내적 행동에 따라서 외적 행동을 취한 것이지요.

이것은 새로운 방법도 아닙니다. 잠재의식에 각인된 이미지가 우리 삶의 객관적인 스크린에 나타날 것입니다.

"내면이 그렇듯 외면도 그러하다."

이러한 방법이나 기법은 성경보다 더 오래되었습니다. 외면은 내면을 투영하고, 외적 행동은 내적 행동을 따릅니다.

캐딜락을 타고온 여자

저와 거래하던 한 회사에는 부정한 방법으로 회사의 재산을 강탈하려는 사람들이 있었습니다. 그들은 법망을 피해 사기를 치면서 회사를 반복적으로 괴롭히고, 이권을 빼앗으려고 했습니다. 저는 변호사를 통해 그 회사 대표에게 '이번 일을 완벽하고 조화롭게 해결한 뒤 축하하는 장면을 하루에도 여러 번 머릿속으로 생생하게 그려보라'고 권했습니다

대표가 지속적이고 일관되게 정신적 이미지를 그리자, 주관적인 지혜가 새로운 아이디어를 주었습니다. 그의 표현에 따르면 '예고도 없이 갑자기!' 말입니다. 대표는 그 아이디어를 따랐고, 얼마 뒤 사건이 해결되었습니다.

가령 만기일까지 대출금을 갚을 돈이 부족해도 앞에서 언급한 원칙을 충실히 따른다면, 잠재의식이 돈을 마련해줄 것입니다. 그러니 방법과 시기, 장소 또는 출처에 대해서 너무 걱정하지 마십시오. 주관적인 마음은 당신이 모르는 방법에 대해 언제나 잘 알고 있습니다. 그 방법은 언제나 앞서갑니다. 즉, 인

간은 자신의 행복을 위해 필요한 모든 것을 스스로 공급할 수 있습니다.

대출금 갚을 돈이 없는 사람은 은행에서 요구하는 만큼의 수표나 현금을 지불하는 자기 모습을 상상하면 됩니다. 요점은, 정신적 이미지나 상상의 행동이 실제가 되도록 진지하게 주의를 기울이는 것입니다. 마음을 상상의 이미지에 강하게 둘수록 그 상상의 행동이 잠재의식에 더욱더 효과적으로 각인됩니다. 상상 속의 은행 창구로 가면, 그 일이 실제가 될 것입니다.

일요일 아침마다 설교를 들으러 오는 한 젊은 여성이 있었습니다. 그녀는 제 설교를 듣기 위해 버스를 세 번 갈아타고 와야 했습니다. 설교 중 저는 기도를 통해 차를 마련한 청년에 대해 언급했습니다. 이 이야기를 들은 젊은 여성은 집에 돌아가서 자신도 그 청년처럼 기도했습니다. 그녀의 편지 일부를 허락받아 공개하겠습니다.

친애하는 머피 박사님께

저에게 캐딜락이 생긴 사연은 이렇습니다.

[원문 그대로 인용] 저는 일요일과 화요일에 박사님의 설교를 들으러 가고 싶었습니다. 그래서 실제로 운전해서 갈 때 생기는 과정을 그대로 상상했습니다.

자동차 전시장에 가니, 영업 사원이 캐딜락을 시승하게 해주었습니다. 그 차를 타고 여러 곳을 다녔습니다. 영업 사원은 저에게 그 캐딜락이 아주 잘 어울린다고 여러 번 말했습니다.

저는 운전하면서 자동차 내부 인테리어를 감상하는 장면을 머릿속으로 2주 이상 꾸준히 그렸습니다. 그러다 지난 일요일에 저는 박사님이 설교하시는 곳에 직접 캐딜락을 운전해서 갔습니다. 잉글우드에 살던 삼촌이 돌아가시면서 제게 캐딜락과 전 재산을 남겼기 때문입니다.

만일 대출금을 갚기 어려운 상황이라면, 미리 걱정하지 마십시오. 걱정한다는 것은 자기 목을 조르는 것과 같습니다. 당신 안에 내재하는 힘이 있어서, 당신이 불러 청할 때마다 필요로 하는 모든 것을 공급해줄 수 있다는 사실을 깨달으십시오.

이제 당신은 확신하고, 진심으로 이렇게 명할 수 있습니다.
"내 집은 모든 빚에서 자유롭고, 부가 내게로 풍부하게 흘러들어

온다."

기도의 응답이 오는 방식에 대해서는 의문을 품지 마십시오. 잠재의식의 지혜가 당신의 모든 걸음을 인도하고, 명백히 필요한 일을 할 것입니다. 잠재의식의 지혜는 당신이 갈망을 성취하는 데 필요한 모든 것을 알기 때문입니다.

당신은 또한 대출금이 완불되었다는 편지를 받는 상상을 할 수 있습니다. 상상 속 이미지에 대해 기뻐하고 확신을 가질 때까지 머릿속으로 생생히 그리십시오.

믿으면 그대로 된다는 말

당신 안에 어떤 힘이 있어, 진실이라 상상하고 믿는 것을 현실로 나타나게 할 수 있다고 확신하십시오. 그저 한가하게 앉아 당신이 갖고 싶은 것을 공상하고 상상하는 것만으로는 원하는 것을 가질 수 없습니다. 마음의 법칙을 가동하고 있다는 것을 알고 믿어야 합니다. 그리고 갈망이 현실로 나타날 수 있게 마음을 건설적으로 사용하려면 마음의 법칙이 발휘하는 힘을 믿어야 합니다.

당신이 원하는 것이 무엇인지 깨닫고, 그것에 대해 알아보십시오. 그리하면 잠재의식이 그 생각을 실현할 것입니다. 당신이 무엇을 갖길 원하는지 생각하고 있다면 말입니다.

갈망이 성취되는 것을 분명하게 상상하십시오. 그러면 어떤 행동을 해야 하는지 분명한 근거를 잠재의식에 부여하는 것과 같습니다. 잠재의식은 필름과 같습니다. 잠재의식은 사진을 현상하고, 실제로 만들어냅니다.

당신은 카메라입니다. 주의를 집중해 갈망을 의식적으로 상상하는 주체는 당신입니다. 긴장을 풀고 행복한 기분으로 상상할 때, 비로소 그 이미지가 잠재의식이라는 섬세한 필름에 얹힙니다.

때로는 일정한 노출 시간도 필요합니다. 기질이나 느낌, 이해력에 따라 2~3분 또는 그 이상의 시간이 필요할 수도 있습니다. 그러나 의식이나 느낌 또는 믿음과 관련할 때처럼 많은 시간이 필요하지는 않습니다. 일반적으로 말해, 주의를 더 많이 집중하고 몰두하며 시간을 더 들일수록 기도의 응답이 더욱더 완벽해질 것입니다.

받았다고 믿으십시오. 그러면 받을 것입니다.

어떤 것을 믿는다는 것은, 그것을 사실로 받아들여 실제로 이루어진 상태로 사는 것입니다. 그런 기분을 지속시킬 때 기도가 응답받는 기쁨을 경험할 것입니다.

최근 한 대학교에서 잠재의식의 작용에 관한 강연을 했습니다. 강연에 참석한 학생 중 한 명이 자신이 고민하던 문제가 면도하는 중에 풀렸다고 했습니다. 그것이 가능했던 이유는, 학생이 면도하는 동안 긴장을 풀고 있었기 때문입니다. 그때 잠재의식의 지혜와 직관이 마음의 표면으로 떠오른 것입니다.

그 학생은 여러 날 동안, 한 문제에 진지하고 의지적으로 열중했습니다. 그리고 그 학생은 다음의 지침들을 철저히 따라서 좋은 결과를 얻었습니다.

학생은 잠들기 전에 이렇게 말했습니다.

"이제 나는 문제를 마음 깊은 곳에 넘긴다. 나의 깊은 마음에 답이 있고, 나는 마음이 주는 답을 받아들일 것이다."

당신이 잠자리에 들 때 다음 날 아침 7시에 일어나겠다고 생각하면, 잠재의식이 그 시간에 당신을 깨울 것이라고 앞에서 언급했습니다. 이 학생도 이 방식으로 잠재의식이 작용했습니다. 뛰어난 지혜가 완벽한 해답을 논리적으로 추론해 그에게 제시한 것입니다.

잠에서 깬 후, 그러니까 잠에서 덜 깬 상태에서 해답을 받아 적는 일이 종종 있을 것입니다. 그때 잠재의식의 지혜가 모습을 드러내기 때문입니다.

당신은 괴로울 때 무엇을 합니까? 많은 사람은 같은 상황을 겪을 때, 걱정하며 조바심을 냅니다. 그러면 상황은 악화하기만 합니다. 잠재의식은 언제나 당신이 강력하게 새기는 것을 확대하기 때문입니다.

잠재의식을 활용한 문제해결 3단계

많은 사람이 잠재의식을 은행에 비유합니다. 당신은 잠재의식이라는 은행에 계속 예금을 하고 있습니다. 평화와 조화, 믿음, 호의의 씨앗을 저장하세요. 그것들은 끊임없이 불어나 번영과 행운을 수확하게 될 것입니다.

당신은 일상의 문제와 주변에서 일어나는 문제에 어떻게 반응합니까? 노여움과 응어리, 비판, 분개로 반응한다면, 그것들을 마음속 은행에 저축하는 것입니다. 그러면 힘과 믿음이나 자신감이 필요할 때, 당신의 은행에서 필요한 자질들을 끌어낼 수가 없습니다. 그것들을 저축해놓지 않았기 때문입니다.

이제부터는 기쁨과 사랑, 평화, 좋은 기분을 저축하십시오. 당신의 마음을 좋은 것에 몰두하게 하십시오. 그러면 잠재의식의 은행이 복리로 불려주고, 상상 이상으로 엄청나게 확장할 것입니다.

결정하기 어려운 일이 있거나 해결하지 못한 문제가 있다면, 즉시 그 일을 건설적으로 생각하십시오. 문제에 대해 두려워하고 걱정하는 것은 진정으로 생각하는 것이 아닙니다. 생각한다는 것은, 무엇이든 진실하고 바르며, 정직하고 사랑스럽고, 평판이 좋은 것을 심사숙고하는 것입니다.

진정한 사고는 두려움에서 벗어날 수 있습니다. 당신이 두려워하는 진짜 이유는, 상황에 대해 틀린 개념이나 잘못된 관점을 가졌기 때문입니다. 어쩌면 외부 상황이나 환경이 당신을 통제한다고 생각할지도 모릅니다. 명심하십시오. 당신의 환경과 상황에 대한 지배권은 바로 당신에게 있습니다.

다음을 따라 하십시오.

① 마음과 몸을 가라앉히고 긴장을 푸십시오. 몸이 당신의 말을 따를 것입니다. 몸에는 의지도 계획도, 자체적인 지성도 없습니다. 감정의 디스크에 당신의 신념과 인상이 기록됩니다.

② 주의를 한곳에 고정하십시오. 문제의 해답에 생각을 집중하십시오. 문제가 풀리도록 의식적으로 노력하십

시오. 완벽한 해답에 도달했을 때 얼마나 기쁠지를 생
각하십시오. 만일 정신이 이리저리 방황하면 천천히
되돌아오게 하십시오.

③ 나른하고 졸린 상태에서 긍정적으로 조용히 말하십시오.
"해답은 이제 나의 것이다. 나는 나의 잠재의식이 해답
을 알고 있다는 사실을 알고 있다."

이제부터는 해답에 대한 분위기나 느낌 안에서 사십시오. 완
벽한 해답을 가진 것처럼 느끼십시오. 이러한 기분을 편안한
상태에서 마음으로 즐기십시오. 그런 채로 잠이 드십시오. 예
상보다 빨리 잠이 들겠지만, 당신은 해답을 떠올리게 될 것입
니다.

빨리 잠드는 것은 시간을 낭비하는 것이 아닙니다. 만일 잠
에서 깼을 때 바로 해답이 떠오르지 않았다면, 잠시 다른 일을
하십시오. 아마 당신이 다른 일에 몰두하고 있을 때 머릿속에
서 해답이 떠오르게 될 것입니다.

문제와 관련해 절대로 부정적으로 생각하지 마십시오. '상황
이 나빠지고 있다. 절대로 해답을 얻지 못할 거야', '출구가 안
보여', '희망이 없다' 등 이렇게 생각하는 것은 법칙에 역행하

는 것이자 이전의 잘한 행동을 무효로 만드는 것입니다. 해답을 생각한다는 것은, 모든 것을 알고, 보고 있으며, 성취의 노하우를 가진 잠재의식의 지성을 활성화하는 것입니다.

잠재의식에는 창조하는 힘이 있습니다. 그리고 잠재의식은 의식이 주는 명령에 순종합니다. 의식은 선택하는 능력을, 잠재의식은 의식이 하라고 명하는 일을 행하는 능력이 있다는 단순한 진리를 언제나 명심하십시오. 잠재의식은 당신의 신념과 확신을 수용하고, 그것들을 당신이 경험하게 합니다. 잠재의식은 무한한 창조의 힘이기 때문입니다.

얼마 전, 어떤 잡지에서 프레드 밴팅Fred Banting 박사가 자신의 당뇨병을 치료한 방법을 다룬 짧은 기사를 읽었습니다. 박사는 당뇨병에 대해 깊이 연구했습니다.
어느 날 아침, 박사는 개의 췌장관膵臟管에서 물질을 추출한다는 해답을 품은 채 일찍 잠이 깼습니다. 그는 처음으로 인슐린을 발견한 사람이 되었습니다. 인슐린의 발견으로 당뇨를 앓는 수많은 사람이 치료를 받게 되었습니다.

이 일화는 언제나 하룻밤 사이에 해답을 얻을 수 있다는 뜻은 아닙니다. 몇 주 또는 몇 달이 지나도 해답이 오지 않을 수 있습니다. 그러나 실망하지 마십시오. 계속해서 매일 밤, 마치 처음 하듯이, 잠들기 전에 잠재의식에 전달하십시오.

잠재의식은 시간과 공간을 초월합니다. 당신은 해답을 가지고 있고, 해답은 이제 당신 것이라고 믿으며 잠자리에 드십시오.

해답은 미래에 있다고 단정하지 마십시오. 결과에 대해 변치 않는 믿음을 가지십시오. 이 책을 읽는 지금 해답이 있음을, 당신을 위한 완벽한 해결책이 있음을 확신하십시오.

해답을 구하는 가장 좋은 시간

아득히 먼 옛날부터 잠재의식으로부터 해답을 얻기 위해 사용한 방법이 있습니다. 해답이나 균형 잡힌 해결책, 올바른 결정을 이용해 당신이 원하는 것을 조용히 생각하는 것입니다. 해답을 구하기 가장 좋은 시간은 잠들기 직전입니다.

몸의 긴장을 풀고, 마음의 움직임을 가라앉히십시오. 그 상태로 잠을 청하십시오. 곧 나른해지겠지만, 의식은 여전히 깨어 있어 주의를 기울일 수 있을 것입니다.

이때 옆집 아기가 우는 소리나 집 주변에서 누군가 걸어가는 소리가 들릴 수 있습니다. 이것은 각성과 수면 사이의 잠들기 직전 상태입니다(낭시 학파는 이것을 '몽유夢遊' 상태라 불렀습니다). 이 나른한 명상 상태에서 잠재의식이 문제 또는 요청을 숙고할 수 있도록 유도할 수 있습니다.

앞에서 설명한 ①~③의 과정을 거칠 때 잠재의식으로 가장 잘 넘어갑니다. 반대를 추론하거나 의지력을 사용할 필요는 없습니다. 다만, 결말과 해법, 자유로운 상태를 상상합니다.

완전히 단순하고 간단한 방식으로 하십시오. 단순하고 아이 같은, 즉 기적을 일으키는 믿음을 가지십시오. 아무 문제가 없는 당신의 모습을 그리십시오. 불필요한 요식은 모두 제거하십시오. 단순한 방법이 가장 좋습니다.

제가 값비싼 반지를 잃어버린 적이 있습니다. 그것은 가보였습니다. 온 집을 구석구석 다 뒤졌지만, 찾을 수가 없었습니다. 결국, 저는 제가 설교한 대로 실천하겠노라 결심했습니다.

밤이 되자, 잠재의식을 향해서 다른 사람들에게 말했던 대로 말했습니다.

"너는 다 안다. 반지가 어디에 있는지 알고, 지금 그것이 어디에 있는데 내게 알려준다."

다음 날 아침, 저는 불현듯 다음과 같은 말을 듣고 잠이 깼습니다.

"로버트에게 물어봐!"

로버트는 제 아들입니다. 겨우 열네 살인 아이한테 물어봐야 한다는 게 의아했지만, 직관적인 내면의 목소리를 따랐습니다.

로버트가 대답했습니다.

"집 앞 길가에서 주워 제 서랍에 넣어두었어요. 별로 비싼 반지 같지 않아서 말씀 안 드렸어요."

당신이 믿기만 한다면, 언제나 잠재의식이 답을 줄 것입니다.

최근에 진행한 강의에 참석한 한 청년도 저와 같은 경험을 했습니다. 그의 아버지가 돌아가셨는데, 유언장을 작성하지 않으신 듯했습니다. 그러나 이 청년의 누이는 아버지가 유언장을 작성하셨다고 확신했습니다. 다만, 유언장이 어디에 있는지 아무리 찾아봐도 발견하지 못했을 뿐이죠. 결국, 청년은 '잠재의식의 기적'이라는 강의에서 배운 것을 실행했습니다. 청년은 잠들기 전에 자신에게 말했습니다.

"이제 나는 문제를 잠재의식에 넘긴다. 잠재의식은 유언장이 있는 곳을 알고, 내게 알려 준다."

그러고는 한 단어로 압축해 요구했습니다.

"해답!"

이 단어를 후렴구처럼 거듭 반복했고, 이 단어를 생각하면서 잠이 들었습니다.

청년은 그날 밤 현실이라 믿을 만큼 매우 생생한 꿈을 꿨습니다. 꿈속에서 로스앤젤레스에 있는 어느 은행의 이름과 주소를 보았습니다. 그리고 실제로 그곳에 가서 아버지의 이름으로 등록된 안전 금고를 찾았고, 모든 문제가 해결됐습니다.

잠재의식을 제대로 사용하는 법

당신이 자는 동안 생각은 내면의 잠재된 힘을 깨웁니다. 예를 들어, 당신이 집을 팔지, 어떤 주식을 살지, 파트너와 관계를 끊을지, 다른 곳으로 이사할지 아니면 지금 이곳에 남을지, 현 계약을 종료할지 또는 새로운 계약을 맺을지 고민한다고 가정해봅시다. 그렇다면 이렇게 해보세요.

일단, 안락의자나 책상 앞에 조용히 앉으세요. 그리고 작용과 반작용의 보편적 법칙이 있다는 사실을 기억하세요. 작용은 당신의 생각이고, 반작용은 당신의 잠재의식에서 나오는 반응입니다.

잠재의식은 민감하게 반응하면서 반사적입니다. 이것이 잠재의식의 특성으로, 언제나 되돌아오고 보상하며 보답합니다. 이것이 조화의 법칙이고, 이것은 언제나 일관적입니다. 당신이 올바른 작용을 생각할 때 당신 안에서 자동으로 반작용 또는 반응을 경험할 것입니다. 당신은 잠재의식 안에 있는 무한한 지혜를 사용했습니다.

이제부터 당신의 작용은 당신 안에 있는 주관적인 지혜에 의해 가르침과 통제를 받습니다. 이 주관적인 지혜는 전지하고 전능합니다.

당신은 올바르게 결정할 것입니다. 당신은 옳은 일을 하려는 주관적 충동의 영향 아래 있으므로 당신의 작용은 다 올바를 것입니다(여기서 '충동'이라는 단어를 썼는데, 그것은 잠재의식의 법칙이 충동적이기 때문입니다).

잠재의식의 확신과 신념이 당신의 모든 의식적 행동을 지시하고 통제합니다. 안내나 올바른 행동의 비밀은, 당신 안에서 잠재의식이 주는 응답을 찾을 때까지 정신적으로 올바른 해답에 몰두하는 것입니다.

응답은 느낌이고 내적 인식이며, 당신이 알고 있다는 강력한 예감입니다. 그 힘이 당신을 통해 표출되도록 당신은 그 힘을 이용했습니다. 당신 안에 있는 주관적 지혜가 알려주는 것을 따르는 동안에는 실패하는 일은 없습니다.

정원을 떠올려보세요. 그러면 마음의 두 가지 측면과 그에 따라 작동하는 주관적인 법칙을 이해할 것입니다.

의식이 토양에 씨를 심습니다. 어떤 종류의 씨를 심을지 의식이 결정합니다. 토양은 심은 대로 싹을 틔우고 자라게 합니다. 마찬가지로 잠재의식을 토양이라 생각하십시오. 거기에는 성장에 필요한, 기본적이면서 필수적인 모든 요소가 들어 있습니다. 거듭 말하지만, 토양의 본성은 낳고, 자라게 하는 것이어서 단지 약간만 불어나게 하는 것이 아닙니다. 배나무든 사과나무든 다르지 않습니다. 독성 식물이라고 해서 토양이 자라게 하지 않는다면 자연의 법칙이 훼손될 것입니다.

잠재의식과 관련해서도 이것은 진리입니다. 잠재의식은 행동할 뿐, 질문하거나 대답하지 않습니다. 당신이 주는 것을 받아들인 다음, 좋은 것이든 나쁜 것이든 결과를 내어 당신이 경험하게 합니다. 그러므로 잠재의식을 건설적이고 지혜롭게, 분별력 있게 사용하는 법을 배우십시오.

중요한 점 하나를 이야기하고 싶습니다.

당신은 당신이 가장 많이 생각하는 것을 소개받을 수 있습니다. 잠재의식은 비인격적이고, 사람을 차별하지 않습니다. 일례로, 아무도 모르게 어떤 건물에 불을 지를 수 있을까를 생각하면, 나쁜 곳에 불을 사용할 만한 아이디어가 떠오를 것입니다. 보편적 에너지나 힘은 그 자체만으로는 전혀 해가 되지 않습니다. 그러나 당신이 그것을 건설적이거나 파괴적인 목적으로는 사용할 수 있습니다.

원자 에너지를 보십시오. 그 자체로는 전혀 해가 되지 않습니다. 인간은 원자 에너지가 위험하다는 것을 마음속에서부터 알고 있었을 것입니다. 원자 에너지는 집 안을 따뜻하게 하고 환하게 밝힐 수 있지만, 수많은 사람의 목숨을 빼앗을 수도 있습니다.

당신은 평소 습관적으로 생각하는 것에 따라 안내를 받습니다. 두려움과 문제, 실패에 대해 자주 생각하면, 잘못된 방향으로 안내를 받고, 혼란과 혼돈을 겪게 될 것입니다.

온 우주에 두려워할 것은 아무것도 없다는 사실을 받아들이고, 깊이 생각하십시오. 우리에게는 잠재의식을 현명하게 사용함으로써 통제할 능력이 있습니다.

이제 조용히 앉아 산 정상의 아름다운 호수를 생각하십시오. 잔잔하고 조용한 밤입니다. 투명하고 고요한 수면에 별과 달, 나무들이 비칩니다. 수면이 흔들리면 그 위에 비치는 별과 달이 보이지 않습니다. 그러니 긴장을 풀고 마음을 잔잔히 하고 가만히 있으십시오. 평화와 고요를 생각하십시오. 그러면 마음의 수면 위로 문제에 대한 해답이 떠오를 것입니다.

조셉 머피의 '기적의 한마디'

1. 사람의 마음속에는 의식과 잠재의식이 있습니다.
2. 잠재의식은 당신이 진실이라 여기는 것이라면 무엇이든 받아들여 당신 삶에 조건이나 경험, 사건으로 발생시킵니다.
3. 편안한 상태에서 잠재의식에 긍정적인 아이디어와 당신의 명확한 갈망을 상상하고 각인하십시오.
4. 당신이 갈망한 일이 실현되었다고 믿고 받아들이면, 그것은 실제가 됩니다.
5. 의식을 재우고 잠재의식을 깨우면 잠재의식이 문제의 해답을 줄 것입니다.

3

성공을 상상하는 법

갈망을 객관화하는 잠재의식

평소 믿음과 최선에 대한 기대감을 품고 유지하는 사람은 성공합니다. 그러나 우울하고 쉽게 낙심하며 의기소침한 사람은 모든 면에서 실패를 끌어당깁니다.

두려움은 '내 생각대로 내 삶을 이끌어갈 수 있다'는 믿음이 부족해서 생기며, 믿음의 방향이 잘못된 것입니다. 두려움은 잘못된 것에 대한 믿음입니다. 두려움은 결핍에 대한 믿음, 또는 좋은 것이 보류될 것에 대한 신념입니다.

우리에게 필요한 모든 것이 우리 생각 속에 있습니다. 삶에서 나아가려면 지금보다 더 성장하고자 갈망해야 합니다. 그러기 위해서는 먼저 갈망해야 하고, 그다음에 원하는 것을 나타나게 할 수 있는 당신 안의 힘을 인지해야 합니다. 이때, 잠재의식이라는 매체를 통해 당신이 갈망하는 모든 것이 객관화합니다. 바로 당신이 습관적인 생각과 느낌, 의견, 신념이라는 형태로 지시하는 것입니다.

잠재의식은 의식이 전달하는 지시에 순종합니다. 의식이 모든 부정적인 사고에 반대한다면, 부정적인 사고가 당신의 잠재의식에 영향을 끼치지 못합니다. 즉, 면역력을 갖게 됩니다.

가령 **"건강해지고 싶어. 그러면 내가 하는 일에 훨씬 더 집중할 수 있을 거야"**라고 말한다면, 당신의 신체는 마음의 바람을 발현한다는 사실을 깨달으십시오.

잠재의식은 신체를 강하게 세우고, 모든 생체 기능을 통제합니다. 당신의 의식은 어떠한 아이디어나 잠재의식에 들어간 일련의 사고를 바꿀 만한 힘이 있습니다. 당신은 잠재의식의 힘을 알면 잠재의식 속에 건강의 아이디어를 새길 수 있습니다. 그러기 위해서는 확신과 굳건한 믿음이 필요합니다. 또, 확언 역시 잠재의식에 확실한 인상을 새길 수 있습니다.

잠재의식에 각인하는 멋진 방법은, 끊임없이 훈련하고, 과학적으로 상상하는 것입니다. 예를 들어, 절뚝거려 고생하고 있다면, 다시 건강해질 때 하고 싶은 일들을 떠올려보십시오. 친구를 만나거나 운동하는 것, 하이킹 등을 한다고 말입니다.

먼저 상상으로 그런 일들을 해보십시오. 가능한 한 실제적이고 자연스럽게 하십시오. 정신적 여행을 계속하십시오. 당신은 스스로 동기부여를 할 수 있습니다. 모든 외적 움직임은 먼저 마음이나 의식의 움직임이 있어야만 행할 수 있습니다.

예로, 의자는 혼자서 움직이지 않습니다. 당신이 동작을 의자에 전달해야 움직입니다. 신체도 마찬가지입니다. 당신이 치유되었을 때 하고 싶은 모든 일을 상상하면, 그 내적 운동은 잠재의식이 내적 이미지와 일치하게 합니다.

성공에 이르는 길

많은 사람이 하루에도 수십 번 '성공'이라는 추상적인 단어를 되풀이합니다. 그러다 마침내 성공이 자신의 것임을 확신합니다. 성공이라는 개념에는 그것에 도달하는 데 필요한 모든 요소가 포함되어 있다는 사실을 기억하십시오. 당신이 믿음과 확신을 하고, 성공이라는 말을 반복할 때, 잠재의식은 그것을 진실로 받아들이고, 당신에게 성공하고 싶은 주관적인 욕구가 생깁니다.

우리는 자신의 주관적인 신념과 인상, 확신을 표현하게 되어 있습니다. 성공에 이르는 이상적인 길은, 자신이 무엇을 성취하고자 하는지 정확하게 아는 것입니다. 만일 자신에게 맞는 자리 또는 자신이 무엇을 하고 싶은지에 대해 알지 못한다면 주위에 도움을 구하십시오. 당신을 도와주는 사람들의 말 속에서 깊은 자아가 응답하게 되고, 당신은 어느 특정한 영역에서 적극적으로 움직이거나 그동안 잘 몰랐던 당신의 취향을 발견하게 될 것입니다.

생각에 반응하는 자아

깊은 자아는 생각에 반응합니다. 때로는 '주관적 마음' 또는 '깊은 자아'라 불리는 잠재의식은, 무의식적 지성을 가동해 성공하는 데 필요한 조건들을 끌어당깁니다.

사람은 자신이 하고 싶은 일은 해야 합니다. 자신이 애쓰는 일에서 행복을 느낄 때 성공하는 것이니까요.

자신 안에 창조적인 힘이 있다는 사실을 인정하십시오. 이것이 긍정적 확신이 되어 바르게 설 수 있도록 하십시오. 창조적이고 무한한 힘은 당신의 생각에 응답하고 반응합니다. 이 원리를 알고 이해해 적용하면, 의심과 두려움, 걱정이 점차 사라집니다.

예를 들어, 실패에 관한 생각을 곱씹으면 그 생각은 실패를 끌어당깁니다. 그가 마음속으로 실패에 관한 생각을 품고 있으면, 잠재의식이 실패의 생각을 진행하라는 요청으로 받아들여 그것을 직접 경험하게끔 실행하기 때문입니다. 이렇듯 잠재의식은 비인격적이며 무차별적입니다.

인생의 최고 주권자

혹시 관리자가 "아무개 씨 업무 태도가 바르지 않아 해고해야겠습니다"라고 하는 말을 들어 본 적이 있습니까? 비즈니스의 세계에서는 '올바른 태도'를 매우 중요시합니다.

여러 해 전 저는 영혼재생설reincarnation에 관한 짧은 글을 출간해, 그 책을 교회 서점에 진열했습니다. 초반에는 책이 거의 팔리지 않았습니다. 판매원이 책 내용에 대해 심하게 반대했기 때문입니다.

저는 그에게 환생의 성경적 의미와 책 내용의 기원 등에 대해 설명했습니다. 그가 내용을 이해하자, 그 책을 열정적으로 좋아하게 되었습니다. 결국, 이 책은 저의 전체 강의 일정이 끝나기도 전에 전부 다 팔렸습니다. 이것은 바른 마음가짐이 얼마나 중요한지를 보여주는 하나의 예입니다.

당신은 동료들과 관계가 어떻습니까? 평소 사람이나 동물 등 세상에 대해 친절합니까? 우주가 당신에게 적대적이라고 생각합니까? 간단히 말해, 당신의 사고방식은 어떻습니까? 당신의 마음가짐은 주변 사람들과 상황, 환경, 사물에 대한 내면의 반응을 의미합니다. 앞서 언급한 서점 직원의 정서 반응은 뿌리 깊은 선입견 중 하나입니다. 그것은 책을 파는 데 있어 잘못된 태도입니다. 그는 책과 저자에 대해 편견을 갖고 있었습니다.

올바른 마음가짐을 계발한다면 당신의 심적인 동의 없이 외부의 무언가가 마음을 어지럽히거나 당신에게 상처를 주지 못한다는 사실을 알게 될 것입니다.

당신의 세계에서 사고하는 사람은 오직 당신뿐입니다. 따라서 당신의 동의가 없으면 아무것도 당신을 화나게 하거나 비탄에 빠뜨리거나 슬프게 만들 수 없습니다. 당신이 부정적인 생각을 일부러 끌고 들어오지 않는 한, 외부에서 오는 암시는 아무런 힘이 없습니다.

당신은 스스로 생각 영역의 주인이라는 사실을 분명하게 알아야 합니다. 감정은 생각을 따라갑니다. 그러므로 당신은 당신의 인생에서 최고 주권자입니다. 당신은 다른 사람이 당신의 생각에 영향을 미치도록 내버려두겠습니까? 뉴스와 소문, 타인의 비판에 마음이 흔들리거나 의기소침해지도록 허용하겠습니까? 만약 그러지 않는다면 당신 기분 상태에 대한 원인은 당신에게 있다는 점을 인정해야 합니다. 바로 당신 스스로 정서 반응을 일으킵니다. 만일 기분에 문제가 있다면 당신의 태도가 그릇된 것입니다.

당신은 다른 사람들에 대해 나쁘게 생각합니까? 그렇다면 그 감정은 당신의 마음에서 생겨 당신의 건강과 번영에 부정적이고 파괴적인 영향을 미칠 수 있다는 사실에 주의하십시오.

환경은 오직 당신이 허락할 때만 당신에게 영향을 미칠 수 있습니다. 우리는 삶과 모든 상황에 대한 태도를 자발적이고 확실하게 바꿀 수 있습니다. 우리는 운명의 주인이 되어 마음(잠재의식)의 지휘관이 될 수 있습니다. 상상력을 단련하고 지도하며 통제함으로써 우리의 감정과 사고방식을 전반적으로 지배하고 정복할 수 있습니다.

태도의 주인

가령 당신이 다른 사람에 대해 말할 때, 그 사람은 비열하고 부정직하며, 질투심이 많다고 소개하는 장면을 상상해보십시오. 그리고 당신 안에서 일어나는 감정을 자세히 관찰해보십시오.

이제 상황을 바꿔 그 사람을 정직하고 진실하며, 사랑스럽고 친절하다고 생각해보십시오. 그리고 당신 안에서 일어나는 반응에 집중해보십시오. 자, 당신 태도의 주인은 누구입니까?

당신이 습관적으로 하는 사고가 건설적이고 균형 잡혀 있으며, 영적인 힘이 모든 상황에서 당신을 인도하고 번영케 한다는 생각과 태도를 갖춘다면, 그 지배적인 생각과 태도가 모든 것에 영향을 미치게 됩니다. 그래서 당신은 세상을 긍정적이고, 적극적인 사고방식으로 볼 것입니다. 당신의 세계관은 긍정적이고, 기뻐하면서 최고로 좋은 것을 기대할 것입니다.

많은 사람이 인생에 대해 우울하고 실망에 찬 시각으로 바라보고 있습니다. 이들은 비뚤어진 시각으로, 냉소적이면서 입에 불평을 달고 삽니다. 이것은 그들의 지배적인 마음가짐에서 비롯되었으며, 그 마음가짐이 모든 것에 대한 그들의 반응에 직접 영향을 끼칩니다.

사고방식을 바꾸는 가장 빠른 방법

고등학교에 진학하는 소년이 말했습니다.

"저는 성적이 아주 나빠요. 기억력도 나쁘고요. 뭐가 문제인지 모르겠어요."

잘못된 것은 그의 태도입니다. 소년은 원하는 대로 법대에 가려면 학업 성적이 중요하다는 것을 깨닫고, 마음가짐을 새롭게 하기로 결심했습니다. 그리고 과학적으로 기도하기 시작했습니다. 과학적인 기도는 사고방식을 바꾸는 가장 빠른 방법이기 때문입니다.

소년은 과학적인 기도를 통해서 생각에 반응했습니다. 소년은 자신에게 영적인 힘이 있고, 그것이 유일한 원인이자 힘임을 깨달았습니다. 이제 소년은 자신의 기억력이 정확하며, 무한한 지성이 언제 어디서든 알아야 할 모든 것을 끊임없이 드러내고 있다고 주장하기 시작했습니다. 그리고 선생님과 친구들에게 사랑과 호의를 보였습니다.

소년은 현재 제가 예전에 보았던 모습보다 훨씬 큰 자유를 누리고 있습니다. 그리고 선생님과 소년의 어머니는 그의 우수한 성적에 대해 축하해주는 모습을 자주 상상하고 있습니다. 그 소년은 자신이 바라는 결과를 상상하며 학업에 대한 태도를 바꿨습니다.

마음가짐, 즉 사고방식은 상상력에 좌우된다고 앞서 언급했습니다. 오늘은 비가 와서 우울하고, 가게에 손님이 드물어서 매출이 크게 떨어질 것이라는 등 부정적인 상상을 한다면, 당신이 상상한 대로 부정적인 경험을 하게 될 것입니다.

한 남자가 거리를 걷다가 길에서 뱀 한 마리를 본 것 같다고 생각했습니다. 그는 두려움에 사로잡혀 몸이 굳어 버렸습니다. '뱀 같은 것'을 보았지만, 정신적으로나 감정적으로는 마치 진짜 뱀을 본 것처럼 반응했습니다.

무엇이든 사랑스럽고 고귀하며 기분 좋은 것을 상상하십시오. 그러면 인생에 대한 당신의 정신적 태도 전체가 바뀔 것입니다.

당신은 인생과 관련해 무엇을 상상하십니까? 당신의 인생은 행복합니까? 아니면 좌절감의 연속입니까?

사람은 자신이 늘 바라보는 마음속 이미지에 따라 외적 경험 세계를 빚어냅니다. 고귀하고 기쁘고 만족스러운 인생의 환경과 조건을 상상하십시오. 만일 당신이 차갑고 잔인하며 힘겹고 고통스러운 인생이나 투쟁과 고통을 피할 수 없는 인생을 상상한다면, 당신 스스로 비참한 인생을 만드는 것입니다.

골프장에 있다고 상상해보십시오. 당신은 자유롭고 여유로우며 열정과 에너지가 충만합니다. 행복을 느끼면서 골프 코스에서 마주치는 모든 난관을 극복합니다. 또, 많은 장애물을 넘으며 전율을 느낍니다.

이제 다음 장면을 그려봅시다. 장례식장에 들어가는 것을 상상해보십시오. 앞서 언급한 상황을 상상할 때와는 다르게 일어나는 정서적 반응에 주목하십시오.

우리는 영안실에서 다른 사람의 생일을 기뻐할 수도 있습니다. 사랑하는 사람이 형언할 수 없는 사랑을 받으며 친구들과 함께 있는 모습을 상상할 수 있습니다. 모든 사람의 몸과 마음에 충만하게 부어지는 사랑을 상상할 수 있습니다. 실제로 우리는 어디에 있든 마음으로 천국에 올라갈 수 있습니다. 이것이 상상력의 힘입니다.

인간은 영향받은 대로 행동한다

퀸비는 정신적이고 영적인 법칙을 연구한, 훌륭한 학생이자 교사였습니다. 그는 이렇게 말했습니다.

"인간은 영향받은 대로 행동한다."

현재 당신을 움직이는 것은 무엇입니까? 무엇이 당신의 인생에 대한 반응을 결정합니까?

답은 다음과 같습니다. 당신의 생각과 신념, 견해가 마음을 작동시키고 훈련해, '신념을 발현'하게 합니다. 이것이 "사람은 발현된 신념이다"라는 큄비가 했던 말의 속뜻입니다.

큄비는 또 이런 말도 했습니다.

"우리의 마음은 공기처럼 섞이고, 그 속에서 각자 독자성을 띤다."

어릴 때는 기분이나 감정, 신념, 집안 환경 등 여러 분위기에 영향 받기 쉽습니다. 부모의 종교적 믿음과 확신과 함께 두려움과 불안, 미신이 아이의 마음에 강하게 남지요.

가난에 찌든 집에서 자란 아이를 생각해봅시다. 아이는 결핍과 한계에 대한 불평을 들으며 자랍니다. 이런 아이는 가난에 영향 받을 수 있습니다. 이 아이는 성장하면서 유년기의 경험과 훈련, 신념에 기초해 빈곤 콤플렉스를 가질 수 있지만, 환경을 뛰어넘어 자유로워질 수도 있습니다. 기도의 힘을 통해 그렇게 될 수 있습니다.

뉴욕의 우범 지역에서 태어나 열일곱 살이 된 소년이 있었습니다. 소년은 당시 스타인웨이 홀에서 한 제 강연을 여러 번

듣고, 자신이 부정적이고 파괴적인 생각의 피해자라고 생각했던 마음을 고쳐먹기로 결심했습니다. 또, 건설적인 방향으로 마음을 재조정하지 않으면 두려움, 실패, 증오, 시기를 품은 정신세계가 자신을 지배하고 통제하리라는 것을 깨달았습니다.

퀸비가 깨달았듯, 사람이 자신의 집(마음)을 돌보지 않으면, 보이는 현상만 믿는 세계관의 선전과 잘못된 신념, 두려움에 사로잡힐 것이 뻔합니다.

우리는 병이나 죽음, 불행, 사고, 실패, 질병 등 다양한 재난과 관련해 집단적 사고방식에 몰두하기 쉽습니다.

소년은 스스로 생각한 후, 계획을 세우겠다고 결심했습니다. 또, 현재 자기 자리에서 부에 이르는 왕도를 걷고, 마음을 영적인 개념과 통찰력으로 채우겠다고 결심했습니다. 그렇게 하면 그의 마음에서 모든 부정적인 패턴을 자연스럽게 몰아낼 수 있다는 것을 알았기 때문입니다.

소년은 '과학적 상상'이라는 쉬운 과정을 택했습니다. 소년은 목소리가 아주 좋았지만, 목소리를 가꾸지는 못했습니다. 저는 소년에게 마음속에서 자라나는 이미지를 조심하라고 알려주었습니다. 소년은 마음의 법칙, 즉 작용과 반작용의 법칙과 마음속 이미지에 대한 깊은 자아의 반응을 알게 되었습니다.

소년은 방에 편안히 앉아, 마이크 앞에서 노래하는 자기 모습을 생생히 그렸습니다. 그리고 마이크를 '느껴' 보려고 팔을 뻗었습니다.

저는 소년의 목소리가 무척 아름답다고 칭찬하는 소리를 듣곤 했습니다. 그가 이런 정신적 이미지에 체계적이고 규칙적으로 몰두하자, 그의 잠재의식에 깊은 인상이 새겨졌습니다.

얼마 지나지 않아 뉴욕에 살던 이탈리아 출신의 한 보컬 트레이너가 소년의 가능성을 알아차려, 소년에게 여러 번 무료 레슨을 해주었습니다.

곧 소년은 유럽과 아시아, 남미 등 해외 곳곳에서 공연 요청 문의를 받았습니다. 물론, 적지 않은 공연료 덕에 돈 걱정도 사라졌습니다. 소년은 숨은 재능과 능력을 인정받게 되자, 경제적으로 풍요로워졌습니다.

우리 안에 있는 재능과 능력은 하나님이 주신 것입니다. 여러분도 소년처럼 그것들이 풀어지게 하십시오.

이상과 정신적으로 결합하라

저는 경제적 문제로 상담을 요청하는 사람들에게 "부와 결혼하세요"라고 말합니다. 몇몇은 이 말의 핵심을 알아채지만, 몇몇은 그러지 못합니다.

당신은 당신이 마음에 품고 믿는 것을 잉태합니다. 만약 세상이 차갑고 잔인하며 냉혹하다는 생각이 든다면, 당신 삶의 방식은 '서로 먹고 먹히는 것'입니다. 그것이 당신의 개념이 되어 당신은 그 개념과 결합해 그로부터 자녀를 낳게 될 것입니다. 그런 정신적 결합이나 신념에서 나온 자녀들이 당신의 경험과 상황, 환경이 되고, 삶의 모든 사건과 결합하게 될 것입니다. 또, 당신이 살면서 겪는 모든 경험과 반응은 그런 개념들에서 나온 이미지와 겉모습이 될 것입니다.

사람들이 항상 달고 사는 두려움과 의심, 불안, 비판, 시기, 분노를 떠올려보십시오. 이것들은 마음을 크게 파괴합니다.

이제 다음과 같은 구절을 주장하고, 느끼고, 믿음으로써 부와 결합하십시오. 당신의 의식이 다음과 같은 진술에 영향을 받고, 그것과 하나가 될 때까지 반복해서 따라 하십시오.

"나를 통해 신성이 표현되니, 나는 소득이 늘어난다."

앵무새처럼 입으로만 따라 하지 말고, 마음에 깊이 새기십시오. 의식 상태를 조정하고, 주의하면서 말하십시오. 이 말이 당신에게 유의미한 존재가 되게 하십시오. 생명과 사랑과 감정을 담아서 이 말이 생생히 살아나게 하십시오.

결심을 드러내는 말

최근 어떤 학생이 식당을 개업했습니다. 저와 통화할 때, 그 학생은 "식당과 결혼했다"라고 말했습니다. 성실히 일하고 인내심을 발휘해 반드시 성공하겠다는 결심을 드러내는 말이었습니다. 이 학생이 한 말은 갈망이나 바람을 성취하겠다는 신념이었습니다.

당신 자신을 인생의 목표와 일치시키고, 비판이나 자책, 분노, 두려움, 걱정과의 정신적 결합을 끊으십시오. 당신이 선택한 이상에 전념하고, 번영과 성공의 필연적인 법칙을 전적으로 믿고 신뢰하십시오. 잠시라도 이상을 믿었다가 다음에 그것을 부정하게 되면, 아무것도 이룰 수 없습니다. 그것은 마치 산과 알칼리를 섞는 것과 같아서 비활성 물질만 얻게 될 뿐입니다. 부에 이르는 왕도를 걸어가려면, 당신이 선택한 이상에(배우자에게) 충실해야 합니다.

누구나 높은 기상과 야망을 품고 시작합니다. 처음에는 선한 의도로 충만하지만, 종종 능력의 근원을 잊곤 합니다.

때로는 자신 안에 있는 원리에 계속 충실하지 못합니다. 그 원리는 체계적이고 효과적이며, 부정적인 경험에서 당신을 들

어 올려, 자유와 마음의 평화에 이르는 큰길에 올려놓는 것과
같습니다.

그러나 당신은 자신이 선언한 목적이나 목표와 상관없는 개
념과 생각으로 마음과 감정을 채우기 시작합니다. 다시 말해,
당신의 이상이나 배우자에게 충실하지 못합니다.

당신 안에 있는 주관적이고 더 깊은 자아는, 위대한 제작자
이자 당신의 요청을 수용한다는 사실을 아는 것이 중요합니다.
그다음으로 당신이 할 일은, 믿음과 확신을 갖고 요구하는 것
입니다. 이는 싹을 틔울 것을 알고서 땅에 씨앗을 뿌리거나, 답
장을 받게 될 줄 알고 친구에게 편지를 보내는 것과 같습니다.

약 5~6천 달러의 연봉을 받는 사람이 있었습니다. 그녀는
길을 가다 예쁜 코트를 보았습니다. 이 코트 가격은 8천 달러
였습니다. 그녀는 코트를 살 능력이 없었지만, 무척 코트를 갖
고 싶었습니다. 그러던 어느 날 그녀가 제 강연을 들었습니다.

강연을 들은 그녀는 부정적인 생각과 결합하기를 그만두면,
이 땅의 누구에게도 해를 끼치지 않고 원하는 것 모두 가질 수
있다는 진리를 배웠습니다.

저는 그녀에게 코트를 입고, 부드러운 감촉을 느끼는 모습을
상상해보라고 말했습니다. 그녀는 제 말대로 잠들기 전, 상상

력의 힘을 사용했습니다. 그녀는 마치 아이가 애착 인형을 쓰다듬듯 코트를 입은 채 조심조심 털을 쓰다듬는 자기 모습을 상상했습니다. 그렇게 코트를 쓰다듬다 어느 날엔 자신도 모르는 전율을 느끼게 되었습니다.

그녀는 매일 밤, 코트를 입고 매우 행복해 하는 모습을 그리다 잠이 들었습니다. 그러나 3개월 동안이나 코트를 떠올려도 그녀에게 아무 일도 일어나지 않았습니다. 그러던 그녀가 더 이상 코트 입은 자기 모습을 꿈꾸지 않겠다고 마음먹을 때, 평소 품고 있던 생각은 현실이 되어 나타나게 된다는 사실을 떠올렸습니다.

우리와 함께하는 향기로운 존재나 흔들림 없이 끝까지 가는 사람에게는 해답이 오고, 빛을 보며 걷는 사람에게는 응답이 찾아옵니다. 행복하고 즐거운 기분이 계속될 때, 언제나 위대한 제작자의 존재를 느낄 수 있습니다. 우리는 보이지 않는 상황에서 그것을 보고, 그것이 객관적으로 나타날 것을 알고 있습니다.

위에서 소개한 사람의 마음속 드라마에 이어 매우 흥미로운 일이 일어났습니다.

제 강의를 들은 어느 일요일 아침, 어떤 사람이 실수로 그녀의 발을 밟았습니다. 발을 밟은 사람은 진심으로 사과하면서 집까지 차로 태워다 주겠다고 했습니다. 그녀는 기꺼이 제안을 받아들였습니다.

얼마 뒤 남자는 청혼했고, 그녀에게 멋진 다이아몬드 반지를 끼워 주며 말했습니다. "아주 멋진 코트를 봤는데, 당신이 입으면 빛이 날 것 같습니다!"

그 코트는 바로 그녀가 3개월 전에 그토록 갖고 싶었던 옷이었습니다. 매장 점원은 수많은 사람이 그 코트를 보고 감탄했지만, 어떤 이유에선지 다른 옷들만 사 갔다고 했습니다.

당신은 스스로 선택한 현실을 상상하고, 믿음과 인내를 통해 삶의 목표를 실현할 수 있습니다. 하늘의 모든 부가 지금 여기 당신 안에서 풀어지기를 기다리고 있습니다. 평화와 기쁨, 사랑, 안내, 영감, 호의, 부유 등 이 모든 것이 지금 존재합니다.

부를 표출할 때 필요한 것은, 당신이 지금 느끼는 한계를 버린 채 마음의 눈이나 이미지에 개입해서 행복하고 즐거운 기분으로 이상과 결합하는 것입니다. 행복한 당신을 마음으로 보고 느낌으로써, 머지않아 실현될 (당신의) 이상을 실제 시간과 공간에서 객관적으로 보게 될 것입니다. 내외부, 위아래, 하늘에서와 같이 땅에서도 보게 될 것입니다. 다시 말해, 밖으로 드러난 당신의 신념을 보게 될 것입니다. 인간은 겉으로 드러난 신념과도 같기 때문입니다.

언제나 부유하게 사는 방법

만약 다른 사람의 도움을 받아 투자하고 있거나 투자할 목적으로 주식 또는 채권을 생각하고 있다면, 조용히 당신의 생각을 주장하십시오.

'무한한 지혜가 나의 모든 수입과 지출을 주관하고 지킨다. 그래서 나는 무슨 일을 하든 성공할 것이다.'

이 말을 소리 내어 반복하면, 당신은 지혜롭게 투자할 수 있을 것입니다. 또한, 주식이나 채권을 정리해야 할 순간이 오면, 빠르고 정확하게 판단하여 보유한 재산이 줄어들지 않게 될 것입니다.

가정이나 사업, 재산과 관련해 날마다 이렇게 기도하십시오. '행성의 진로를 지시하고 태양을 빛나게 하는 만유 위의 존재가, 나의 모든 재산과 가정, 사업 등 모든 소유물을 지킵니다.'

이 위대한 진리를 되새기고 사랑의 법칙을 지키십시오. 그리하면 당신은 모든 일에서도 성공할 것입니다.

당신은 직면한 문제들과 관련해 내면의 안내자를 찾아야 합니다. 만약 경제적인 문제로 고민 중이라면, 잠자리에 들 때 이렇게 말하십시오.

"이제 나는 평화롭게 잠들 것이다. 나는 내면의 지혜에게 도움을 받아 그동안 풀지 못했던 문제를 해결할 것이다. 아침이면 동이 트듯 내 문제의 해답도 떠오를 것이다. 반드시 해가 뜬다는 것을 나는 안다."

어떤 문제를 놓고 조바심치거나 안달하지 마십시오. 하룻밤 자고 나서 생각하십시오. 언제나 동이 튼다는 사실을 기억하십시오. 동이 트면 어둠은 물러갑니다. 매일, 잠자리에 드는 시간이 행복하다고 여기십시오.

당신이 환경에 굴복하지만 않으면, 당신은 희생자가 되지 않습니다. 어떤 환경이나 상황에도 일어나 극복할 수 있습니다. 영적인 진리라는 반석에 기반을 두고 좀 더 깊은 목표와 갈망에 충실하다면 다른 경험을 할 수 있습니다.

평소 돈을 많이 벌고 싶었던 경찰이 있었습니다. 그러던 어느 날, 그는 자신의 경험을 소재로 한 단편을 쓰고 싶다고 생각했습니다. 글을 쓰려고 자리에 앉으니, 아이디어가 막힘없이 떠올랐습니다. 그래서 그는 다양한 소재로 이야기를 썼습니다.

그는 글을 써 적지 않은 금액의 원고료를 받았습니다. 한번 성공의 맛을 본 그에게 부는 아이디어가 되어 찾아왔습니다. 그는 부를 위해 앞에서 언급한 문구를 활용했습니다.

　당신도 뭔가 새로운 것을 알게 될 수 있고, 글감이 머릿속에 떠오를 수도 있습니다. 그러므로 내면의 지혜, 잠재의식을 활용하십시오.

　번뜩이는 아이디어를 자주 내는 한 영업 사원이 있었습니다. 이 사람은 평소 자기 일과 관련된 좋은 아이디어를 자주 내놓았습니다. 그의 재치 있고 유쾌한 아이디어로 많은 수익을 올린 회사는, 나중에 그를 사장으로 임명했습니다.

　잠재의식에 준비된 무한하고 다양한 아이디어는 의식으로 흘러들어가, 당신 지갑에서 현금으로 나올 준비를 하고 있습니다. 그래서 잠재의식은 아이디어가 고갈되지 않습니다. 이 과정은 경기의 흐름이나 나라별 통화 가치에 상관없이 당신 마음속에서 계속될 것입니다.

　부는 절대로 채권이나 주식, 은행 예금에 좌우되지 않습니다. 그것들은 모두 상징일 뿐입니다. 제가 강조하고 싶은 점은 다음과 같습니다.

　부는 당신의 것입니다. 당신은 언제나 돈이 풍족하다는 사실을 잠재의식에 확실히 새기십시오. 그리하면 당신은 언제나 여유롭게 살 수 있을 것입니다.

인간의 목표는 성장

백화점에서 일하는 한 관리자가 물품 도난을 막기 위해 경비원을 여러 명 고용했습니다. 경비원들은 물건값을 치르지 않고 그냥 가져가는 사람들을 날마다 찾아냈습니다. 물건을 훔친 사람들은 자신의 결핍과 한계를 인식하고 있었습니다. 사실은 스스로 부를 포기하고 온갖 손실을 끌어당길 뿐이었지요.

그들은 마음이 어떻게 작동하는지 알지 못합니다. 만일 그들이 자신의 진짜 위치와 신적인 표현을 알게 되면 자신에게 맞는 일을 찾아서 하게 될 것입니다. 그러면 정직과 청렴, 인내를 통해 그들 자신과 사회에 이롭게 살 수 있을 것입니다.

우리가 얼마나 부유한가와 상관없이 가난의 의식 상태는 언제나 우리와 함께 있고, 우리에게는 진심으로 원하는 무언가가 있습니다. 그것은 건강 문제일 수도 있고 훈육이 필요한 자녀일 수도 있습니다. 때로는 가정의 불화 문제일 수도 있습니다. 이런 문제들이 있다면 우리는 가난한 것입니다. 우리는 결핍을 겪을 때를 제외하면, 풍요로움을 잘 느끼지 못합니다.

한 나라의 왕이든 빈민가에서 태어난 아이든 우리는 한계와 집단적 믿음 속에서 태어나고, 성장합니다. 우리는 문제와 어려움을 겪어 보지 않으면 내면의 힘을 발견할 수 없습니다. 이처럼 가난한 상태는 우리가 해결책을 찾게끔 합니다. 슬픔의 눈물을 흘리지 못하면, 기쁨이 어떤 것인지 알 수 없습니다. 자유와 해방을 찾고 풍요를 얻으려면 먼저 빈곤에 대해 알아야 합니다.

두려움과 무지, 결핍, 고통이 나쁜 것만은 아닙니다. 어떤 문제에 맞닥뜨려 이리저리 치일 때 '왜 내게 이런 일들이 생길까? 왜 불길한 일이 나를 따라오는 걸까?'라는 부정적이면서 가슴이 미어질 듯한 의문이 든다면, 곧 마음에 빛이 비칠 것입니다. 고난과 아픔, 불행을 통해서 우리는 우리를 자유롭게 할 진리를 발견하기 때문입니다.

우리는 불만을 통해 만족이 무엇인지 배울 수 있습니다. 인생의 법칙을 공부하는 사람들이라면, 누구나 무언가에 불만족을 경험했을 것입니다. 그들은 자신들이 해결할 수 없는 어떤 문제 또는 어려움을 겪었거나, 인생의 불가사의에 대해 인간이 내놓은 답에 만족하지 못했습니다. 그들은 그들 안에 존재하는 값진 진주, 귀중한 보석에서 해답을 찾았습니다.

어떤 야망이나 갈망을 실현하면, 만족감이 짧게 느껴져 다음에는 더 큰 욕구가 다시 찾아옵니다. 이것은 바로 우리를 통해 더 높은 수준에서 자신을 표출하고자 하는 생명의 특성입니다. 이렇게 하나의 갈망이 채워지면 또 다른 갈망이 찾아오는 현상이 반복됩니다.

우리는 성장하기 위해 존재합니다. 생명은 전진하고, 정지하지 않습니다. 우리는 영광에서 영광으로 올라가기 위해 존재합니다. 끝은 없습니다.

우리는 더 큰 빛과 지혜, 행복, 삶의 기쁨을 영원히 추구한다는 점에서 모두가 가난합니다. 우리 안에 있는 영광과 아름다움, 지혜는 고갈되지 않기 때문에 인간이 그토록 경이로운 것입니다.

완전한 상태로 완성되었지만 상대적인 이 세상에서, 우리는 세상이 있기 전, 우리의 것이었던 영광에 눈을 떠야 합니다.

우리는 현재 지혜로움과 상관없이 더 많은 지혜를 추구합니다. 그래서 여전히 가난합니다. 그 여정은 언제나 앞으로, 위로 나아가는 것입니다. 이것이 진정으로 자각하는 과정이고, 이를 통해 우리는 완성된 창조를 깨달을 수 있습니다.

우리 안에 있는 '가난한 자'를 먹이십시오. 헐벗었다는 생각으로 옷을 입히고, 그 생각의 실체를 믿음으로써 형태를 만드십시오. 우리 안에 있는 위대한 제작자가 그것에 형태를 입혀 형상화한다는 사실을 믿으십시오. 이제 당신의 말(아이디어)은 실체가 되어 형태를 취할 것입니다.

당신은 배고플 때 음식을 찾습니다. 염려할 때 평화를 찾습니다. 병들었을 때 건강을 찾습니다. 약할 때 힘을 찾습니다. 당신은 가난한 상태를 통해 성장하고, 확장하며, 갈망에 도달하고, 성취하려는 욕구를 발견할 수 있습니다.

일례로 어깨 통증은 뜻밖의 이득을 가져다주기도 합니다. 어깨에 당장 어떤 조치를 취해야 함을 말해주기 때문입니다. 아무런 통증이나 증상이 없다면 우리는 팔이 떨어진다 해도 모를 것입니다. 고통은 어둠에서 나와, 빛으로 나아가라고 알려주는 일종의 경보 장치입니다.

우리는 추우면 불을 피우고, 배가 고프면 음식을 먹습니다. 눈을 감고 결말을 상상해보십시오. 결말에 이른 상태를 즐거워하십시오. 결말을 상상하고 그것을 진실로 느낀다면, 당신은 이미 그 결말에 도달하고자 하는 의지를 발휘한 것입니다.

인생이라는 그릇에 담긴 네 가지 가치

부는 부를 낳고, 성공은 성공을 낳습니다. 잠재의식은 일종의 은행과 같아서 좋은 것이든 나쁜 것이든 당신이 넣어두거나 깊이 새기는 것이라면 무엇이든 크게 불립니다.

"여윳돈이 충분하지 않다", "대출금을 갚지 못했다" 등의 말을 하는 것은, 마치 백지 수표에 서명하는 것과 같습니다.

또, 미래에 대한 두려움으로 떠는 것도 백지 수표에 사인하고, 자신에게 부정적인 상황을 끌어당기는 것입니다. 잠재의식은 당신의 두려움과 신념을 요청으로 받아들여, 당신의 삶에 장애물과 지연, 부족, 한계를 끌어들입니다. 잠재의식에 부를 심으면 당신의 삶이 더 윤택해지고, 잠재의식에 결핍의 감정을 심으면 당신의 삶이 더욱더 가난해집니다.

잠재의식은 또한 복리로 줍니다. 매일 번영과 성공, 부, 평화에 관한 생각을 하십시오. 되도록 자주 생각하십시오. 긍정적인 생각이 잠재의식에 쌓여 풍요와 번영을 낳을 것입니다.

이렇게 말하는 소리가 들립니다.

"말씀하신 것을 실천했는데, 아무 일도 일어나지 않았습니다."

꾸준히 실천했는데도 아무 일이 없었다고 하는 사람이라면,

긍정적인 생각을 하고서 두려움에 휩싸여 이전에 했던 좋은 말을 무효로 만들었기 때문일 것입니다.

예를 들어, "그 금액을 갚지 못할 것입니다"라고 말하려고 한다고 가정해 봅시다. 이때, "그 금액을…"까지만 말하고, 일단 멈추십시오. "나는 항상 모든 일이 잘 풀린다"라는 말처럼 긍정적이고 건설적인 말을 생각하십시오.

번영한다는 것은 지혜와 이해력, 물질적 부 등 모든 면에서 잘된다는 것을 의미합니다. 돈이란, 부를 나타내고, 교환을 상징합니다. 그리고 자유와 부유함, 호화로움, 세련됨을 드러냅니다.

세상에는 가진 것이 많아도 이를 인정하는 사람은 드뭅니다. 십중팔구 누구나 더 많이 갖고 싶고, 더 많이 갖기를 원합니다. 어떤 사람은 자신이 가진 돈의 가치가 금 시세나 미국 경제의 영향을 받고 있다고 생각합니다. 또 어떤 사람은 통화 가치가 하락해 그동안 모은 돈을 잃는 것은 아닌지를 두려워합니다.

의사는 몸속 혈액이 완벽히 균형을 이루고 제대로 순환할 때, 그 사람이 건강하다고 합니다. 마찬가지로 삶에서 돈이 막힘없이 순환하고, 필요할 때마다 충족될 때, 당신은 번영하고 있는 것입니다.

가령 주식 시장이 폭락한다는 소식을 듣고 염려하거나 겁을 먹는다면, 당신은 일련의 통계나 뉴스에 영향을 받는 것입니다. 당신의 재정적 안정감이나 부는 번영에 대한 주관적인 내면의 느낌에 달려 있습니다. 당신이 원하던 상태가 된 것 같은 느낌으로 가득할 때, 기도는 응답합니다.

당신 인생의 그릇이 모두 채워졌습니까? 건강과 재산, 사랑, 감정 표현을 잘 살펴보십시오.

이 모든 것에서 만족하십니까? 네 가지 중 하나라도 부족한 것은 없습니까? 우리가 추구하는 모든 것은 무엇이든 이 범주에 포함됩니다.

만일 "제가 원하는 것은 진리 혹은 지혜입니다"라고 말한다면, 당신은 세상 모든 사람의 갈망을 대변하는 것입니다. 그것은 사람마다 다르게 표현되지만, 결국 모든 사람이 원하는 것입니다.

진리나 지혜는 모든 사람의 포괄적인 갈망이요, 표현 욕구에 속합니다. 당신은 결핍과 한계, 문제를 통해 성장하고, 자신을 발견합니다. 이를 제외하고 자신을 발견할 수 있는 다른 방법이란 존재하지 않습니다. 당신이 가진 능력을 제대로 사용하지 못하면, 당신은 자신의 참모습을 발견하지 못하거나 당신을 지배하는 법칙을 찾지 못할 것입니다.

만일 억지로 착한 척하면서 사람을 대하고, 억지로 사랑한다면, 그것은 진정한 사랑이 아닙니다. 당신은 사랑할 자유가 있습니다. 당신은 의지에 따라 사랑을 주거나 마음에 간직할 수 있기 때문입니다.

사랑을 강요하는 이유는 사랑이 없기 때문입니다. 어떤 사람이 당신을 사랑하고 원한다면 당신은 기쁘지 않나요? 당신을 선택한 사람은, 의무감으로 당신을 사랑하는 것이 아닙니다. 만일 상대방이 누군가에게 강요당해 당신을 사랑한다면, 당신은 사랑받는 감정이 기쁘거나 행복하지 않을 것입니다.

행복과 성공을 표현할 때 필요한 것은, 그 감정을 그대로 느끼는 것입니다. 부유하다는 느낌은 부를 낳고, 의식 상태는 그 사람을 또렷하게 보여줍니다. 느낌은 법칙이고, 법칙은 느낌입니다.

퀸비는 기도를 변호사에 비유했습니다. 당신은 판사입니다. 당신은 자신에게 평결을 내립니다. 이때 당신은 자유로워집니다. 결핍과 가난, 실패라는 부정적인 생각은 다 거짓입니다. 그것들은 다 거짓말입니다. 아무것도 그런 생각들을 지지하지 않습니다.

두려움에서 벗어나 자유로워지려면

우스펜스키는 갈망과 느낌의 결합에 이어 형성되는 제3의 요소에 대해 말했습니다. 그는 이것을 '중립적 원소'라 불렀고, 우리는 이것을 '평화'라 부를 수 있습니다.

신적인 지혜를 당신의 안내자로 만드십시오. 당신 안에 있는 주관적인 지혜가 당신을 이끌어 안내하고, 다스리게 하십시오. 당신의 청원을 내재하는 존재에게 맡기십시오. 그리하면 당신의 마음과 영혼 속에 있는 그것이 불안을 흩트리고 상처를 치유하며, 마음에 평정과 평온을 가져올 것입니다.

자신의 내면 활동에 대해 잘 알지 못하는 사람은, 무거운 짐과 불안, 걱정으로 가득합니다. 짐을 내재하는 존재에게 맡겨, 자유로워지는 방법을 배우지 못했기 때문입니다.

한 수도자가 제자에게 질문을 받았습니다.

"진리란 무엇입니까?"

그 질문을 듣고 그는 자기 등에서 가방을 벗어 땅바닥에 내려놓았습니다. 상징적인 방식으로 대답을 한 것입니다. 그러자 제자가 다시 물었습니다.

"스승님, 무슨 뜻인지 설명해주십시오."

수도자는 말없이 가방을 다시 등에 메고, 길을 걸어갔습니다.

가방은 당신이 가진 짐이나 문제를 가리킵니다. 당신의 가방은 모든 것을 아는 전지한 주관적 지혜에게 맡기십시오. 당신 안에 있는 주관적인 지혜만이 그 해답을 알기 때문입니다.

가방을 다시 멘다는 것은 '아직 해결하지 못한 문제가 있지만 나는 신적인 지혜를 의지하고 있다'는 뜻입니다. 그래서 정신적으로 안도하고 휴식을 취하겠다는 말과 같습니다.

당신은 단 하나의 영적인 힘과 최초 원인의 존재에 대해 알고 있습니다. 그러므로 상황과 환경, 다른 사람들의 의견에 힘을 실어주는 일은 그만두십시오. 당신 안에 있는 영적인 힘에 모든 힘을 실어주십시오. 영적인 힘이 부와 성공에 대한 당신의 생각에 응답한다는 사실을 이해하십시오.

내면에 있는 영이나 생각 또는 이미지의 패권을 인정하면, 부와 자유, 끊임없는 공급에 이르게 됩니다. 당신의 마음속에 있는 풍족한 삶을 받아들이십시오. 부를 마음으로 인정하고 기대하면, 그것들이 자연스럽게 표출되기 마련입니다. 당신의 감정이 부유함으로 들어가면, 부유한 삶에 필요한 것들이 생길 것입니다.

당신은 마음의 법원에 도착해 판결을 내리는 판사입니다. 당신은 당신의 마음이 작동하는 방식을 증명했고, 이게 두려움에서 벗어나 자유롭습니다.

　당신은 모든 두려움과 미신을 마음속에서 제거했습니다. 두려움은 행동을 취하라는 신호로, 본래 나쁜 것이 아닙니다.

　진리 안에 있는 치유하는 진동이 당신의 머리와 마음에 가득 차게 하십시오. 진리를 묵상하는 과정에서 모든 두려움과 의심, 걱정이 마음속에서 사라지게 될 것입니다.

조셉 머피의 '기적의 한마디'

1. 모든 것은 당신 생각 속에 있습니다.

2. 잠재의식은 당신의 생각에 반응합니다.

3. 사람, 사물, 상황, 환경에 대한 마음의 반응이 현재 당신
의 마음가짐입니다. 삶과 모든 상황에 대한 마음의 태도
를 자발적으로 바꾸면, 당신의 삶과 상황을 지배하고 정
복할 수 있습니다.
   긍정적이고 좋은 것을 상상해서 마음가짐과 사고방식을
   바꾸십시오.

4. 사람은 생각과 신념대로 행동합니다. 마음을 건설적인 방
향으로 조정하십시오.

5. 직면하는 모든 문제와 관련해 내면의 안내자를 찾으십시
오. 부족함을 깨닫고 풍요를 추구하십시오. 성공과 행복,
갈망이 성취되었음을 느끼십시오. 내적인 힘이 부요와 성
공에 대한 당신의 생각에 응답합니다. 부와 성공을 마음
으로 인정하고 기대하면, 그것이 표출됩니다.

JOSEPH MURPHY

—— 해설 ——

| 해설 |

영원한 구도자 조셉 머피의 삶

조셉 머피는 1898년 5월 20일 아일랜드 코크 카운티의 작은 마을에서 태어났습니다. 그의 아버지 데니스 머피^{Denis Murphy}는 예수회 소속 아일랜드 국립학교의 교수이자 집사였습니다. 코넬리 출신의 어머니 엘런^{Ellen}은 전업주부였고, 후에 조셉의 동생 존^{John}과 딸 캐서린^{Catherine}을 낳았습니다.

조셉은 엄격한 가톨릭 가정에서 자랐습니다. 독실한 아버지는 예수회 신학교에서 몇 안 되는 평신도 교수였습니다. 특히 그의 아버지는 다양한 분야에 대한 폭넓은 지식과 넓은 시야를 가지고 있어, 아들에게 연구와 배움에 대한 갈망을 키워줬습니다.

그가 어릴 적에 아일랜드는 경기 불황으로 어려움을 겪

었습니다. 이로 인해 많은 가정이 굶주렸습니다. 그의 아버지도 꾸준히 일을 했지만 작은 수입으로 가족이 근근이 살아가야 했습니다.

어린 조셉은 국립학교에 다니는 뛰어난 학생이었습니다. 그는 신학 공부할 것을 권유받아 예수회 신학교에 입학했습니다. 그러나 십대 후반에 이르러 예수회의 가톨릭 정통 신앙에 의문을 품고 신학교에서 중퇴했습니다. 그는 새로운 사상을 탐구하고 다양한 경험을 하고 싶었지만, 가톨릭이 지배적인 아일랜드에서는 그 목표를 추구하기가 불가능했습니다. 그래서 그는 가족과 헤어져 미국에 가기로 결심합니다. 당시 그는 단돈 5달러만 가진 채 엘리스섬 이민센터에 도착합니다.

미국으로 온 조셉은 운 좋게 셋집을 구해 그 지역 약국에서 일하는 약사와 함께 방을 쓰게 됩니다.

조셉은 집과 학교에서 게일어를 썼기 때문에, 영어가 능숙하지 못했습니다. 그래서 대부분의 아일랜드 이민자와 마찬가지로 일용직을 전전하며 식비와 집세만 간신히 충당할 수 있었습니다. 그러다가 방을 같이 쓰는 약사와 친해져, 그 약사가 일하는 약국에서 보조로 일하게 됩니다. 그는 곧 약학을 가르치는 학교에 등록합니다. 명민한 머리와 배움에 대한 갈망 덕에 곧 약사 자격시험에 합격하고, 약사가 됩니다. 이어 작은 아파트에서 지낼 수 있을 만큼 돈을 벌게 됩니다. 그는 몇 년 뒤 약국을 열고 성공적으로 운영합니다.

미국이 제2차 세계대전에 참전하자, 조셉은 군에 입대해 보병사단 의무부대에 배속됩니다. 이때 다시 종교에 관심을 갖고, 다양한 종교적 믿음에 관한 책을 광범위하게 읽기 시작합니다.

조셉은 군에서 제대한 뒤 약국으로 돌아가지 않고, 미국과 해외 여러 대학에서 다양한 강의를 들으며 세계를 여행합니다. 그는 연구를 통해 알게 된 아시아의 여러 종교에 도취되었으며, 다양한 종교를 깊이 공부하기 위해 인도로 갑니다. 그리고 전 세계 주요 종교의 교리를 연구하고, 고대에서 현대에 이르기까지 위대한 사상가들의 가르침을 공부했습니다.

그는 당시 학문적 명성이 높은 사람을 여럿 만났습니다. 그에게 가장 큰 영향을 끼친 사람은, 판사면서 사상가요 의사요 교수였던 토머스 트로워드였습니다. 이 트로워드가 조셉의 멘토가 됩니다. 조셉은 그에게 철학과 신학, 법률을 배우고, 그를 통해 특별히 프리메이슨 모임과 신비주의에 입문합니다. 마침내 프리메이슨의 정식 회원이 된 그는, 수년간 스코틀랜드 전례에서 32위계에 오릅니다.

　미국으로 돌아온 조셉은, 성직자가 되어 대중에게 폭넓은 지식을 전합니다. 그의 신앙은 전통적인 그리스도교와 다소 달랐기 때문에 기존 교파에 속하지 않는 자신만의 교회를 개척합니다.

　그의 교회에는 소수의 교인만 모였지만, 오래 지나지 않아 낙관론과 희망을 전하는 메시지로, 기존 교회보다 더 많은 사람을 끌어당겼습니다.

　그는 신사고 운동을 지지했습니다. 신사고 운동은 19세기 말과 20세기 초, 많은 철학자와 사색가들에 의해 전개된 사상으로, '인생을 바라보는 새로운 방식'이라는 현상을 연구하고, 설교하며, 글을 쓰고, 몸소 실천했습니다. 신사고 운동 지지자들은, 우리에게는 삶에 대한 새로운 방식과 아이디어를 활용해 삶을 풍요롭게 할 힘이 있다고 설교했습니다.

제2차 세계대전 이후 수십 년간 신사고 운동의 영향을 받은 다양한 교회가 설립되고 발전했습니다. 종교과학 교회The Church of Religious Science나 통합 교회Unity Church 등에서 비슷한 철학을 전했습니다.

그는 자신이 개척한 교회를 디바인 사이언스 교회The Church of Divine Science라 이름 붙였습니다. 그리고 자신과 비슷한 생각을 하는 동료들과 공동 프로그램을 진행했고, 사역을 함께할 수 있는 사람들을 훈련했습니다.

그의 사상에 동참하는 교회가 점점 늘어나 디바인 사이언스 연합이 만들어졌습니다. 각 디바인 사이언스 교회 리더들은 꾸준히 교육을 진행했고, 그 역시 세인트루이스에 디바인 사이언스 스쿨을 설립해 새로운 목회자들을 훈련시켰습니다. 또, 목회자와 모임을 계속 교육할 수 있도록 지원했습니다.

그는 디바인 사이언스 연합 목회자들의 연례 모임에서 주 강사로 활동했습니다. 그는 목회자들에게 끊임없이 배우라고 격려했으며 특히 잠재의식의 중요성을 강조했습니다.

몇 해에 걸쳐 그의 교회는 매우 크게 성장했습니다. 기존 교회로는 몰려드는 사람들을 버틸 수 없어서 영화관이었던 윌셔 이벨 극장을 빌려 강연장으로 사용했습니다. 그런데도 그의 강연을 들으려는 사람들이 계속 몰려왔고, 일요일 예배에는 약 1,500명이 참석했습니다. 여기에 평일 낮과 저녁에 세미나와 강연이 추가로 진행됐습니다.

그의 교회는 1976년까지 로스앤젤레스의 윌셔 이벨 극장에서 계속 사역하다가 그해 캘리포니아 라구나 힐스^{Laguna Hills} 퇴직자 전용 주택지 근처로 옮겼습니다.

한편, 그는 수많은 사람에게 자신의 메시지를 전달하기 위해 매주 라디오 토크쇼를 진행했습니다. 이 라디오 토크쇼 청취자는 100만 명이 넘었습니다.

교회와 라디오에서 그의 강연을 듣고 감명받은 사람들이 강연 내용을 녹음하자고 제안했습니다. 강연을 담은 음반과 카세트테이프는 불티나게 팔려나갔습니다. 청중에게 성경 구절을 설명하고, 묵상과 기도문을 제공하는 강연 테이프는, 그의 교회뿐 아니라 다른 교회들을 비롯해 서점에서 살 수 있었고, 우편 판매도 했습니다.

교회가 계속 성장하고 강연이 성황을 이루자 조셉 머피

는 전문 인력을 고용하여 여러 강연 프로그램을 기획하고 도서 제작도 준비했습니다. 그중에는 진 라이트^{Jean Wright} 박사도 있었습니다. 조셉과 진 라이트는 일로 만났다가 사랑하는 사이로 발전해 결혼했고, 평생 서로 돕는 동반자가 되었습니다.

1950년대 당시에는 영성 도서를 출판하는 대형 출판사가 거의 없었습니다. 그는 로스앤젤레스 지역에서 작은 출판사를 설립해 30~50쪽 분량의 팸플릿 책자를 여러 권 출간했습니다. 책 가격은 약 1.5~3달러로, 대부분 교회에서 판매했습니다.

재판 또는 3판까지 찍어야 할 정도로 이 책들의 주문량이 많아졌을 즈음, 대형 출판사들은 영성 도서를 찾는 독자가 많음을 알고 비슷한 책을 출간하기 시작했습니다.

그는 책과 테이프, 라디오 방송을 통해 로스앤젤레스 지역 밖에서도 유명해졌고, 미국 전역에서 강연 요청을 받았습니다. 그는 강연에서 종교 문제에만 국한되지 않고 생명의 역사적 가치나 건전한 삶의 기술, 동서양의 위대한 사상가들의 가르침도 다루었습니다.

조셉 머피는 전 세계를 돌며 강연을 했습니다. 특히 그는 유람선을 타고 여러 나라를 돌며 강연하는 것을 좋아했습니다.

그가 가장 보람을 느끼는 활동 중 하나가 교도소를 다니면서 수감자들에게 강연하는 것이었습니다. 재소자들은 여러 해에 걸쳐 그에게 편지를 보냈는데, 그의 강연이 그들의 삶을 바꾸었고 의미 있는 삶을 살도록 격려해주어서 감사하다는 내용이었습니다.

그는 미국은 물론이고 유럽, 아시아, 아프리카 등 많은 나라를 돌았습니다. 또, 강연을 통해 잠재의식의 힘과 인간 내면의 강인함을 바탕으로 삶의 원칙을 이해하는 것이 중요하다고 강조했습니다.

그가 집필한 소책자들이 큰 인기를 얻자, 책 내용을 풍부하게 확장하는 작업을 시작했습니다. 그의 아내 진 머피에 따르면, 그는 글을 쓸 때 연필이나 펜으로 꾹꾹 눌러 쓰는 버릇이 있어서, 메모장을 넘기면 다음 장에 남은 흔적만 봐도 글의 내용을 알 수 있었습니다.

그는 글을 쓰는 동안은 무아지경에 빠진 듯했습니다. 매일 서재에 4~6시간을 죽 머물러 글을 썼고, 그날 쓰기로 마음먹은 분량을 마쳤다고 합니다. 또, 하루 일을 끝내면 다음 날 아침까지 서재에 들어가지 않았습니다. 글을 쓰는 동안에는 음식이나 물을 찾지 않았고, 큼지막한 참고도서들을 옆에 놓고 읽으며 자기 생각을 적었습니다.

그는 매일 이 일과를 반복했습니다. 그가 글을 쓰는 동안에는 아내가 방문객과 전화를 막아주고 교회 업무 등 다른 일을 대신 했습니다.

그는 사람들이 겪는 문제를 잘 찾아내고 핵심을 간파하여 강연을 통해 해결책을 제시했습니다. 기술이 발전하여 새로운 오디오 방식이 도입되면 강연 내용을 선별해 카세트테이프, 음반, CD로 소개했습니다.

그가 전하는 핵심 메시지는 '문제의 해답은 바로 자기 자신 안에 있다'라는 것입니다.

사람의 생각은 외부의 힘으로 바꿀 수 없습니다. 즉, 당신의 마음은 당신 소유입니다. 더 나은 삶을 살기 위해서 당신이 바꿔야 할 것은 외부 환경이 아니라 바로 당신의 마음입니다. 당신이 운명을 만들어갑니다. 변화의 힘은 마음에 있으니, 잠재의식의 힘을 사용해 더 나은 삶을 위한 변화를 이룰 수 있습니다.

그는 30권이 넘는 책을 썼습니다. 그중 가장 유명한 책은 《잠재의식의 힘The Power of the Unconscious Mind》으로, 1963년 출간 즉시 베스트셀러가 되었고, 최고의 자기계발서 중 하나라는 찬사를 받았습니다.

그 외의 대표적인 저서들로 《완벽한 삶의 특별한 힘Telepsychics—The Magic Power of Perfect Living》, 《우주적 마음의 놀라운 법칙The Amazing Laws of Cosmic Mind》, 《역경의 비밀Secrets of the I-Ching》, 《정신 역학의 기적The Miracle of Mind Dynamics》, 《부자가 되기 위한 당신의 무한한 힘Your Infinite Power to Be Rich》, 《우리 안의 우주적 힘The Cosmic Power Within You》 등이 있습니다.

그는 1981년 12월에 세상을 떠났지만, 아내인 진 머피 박사가 그의 사역을 계속하고 있습니다. 그녀는 1986년 강연에서 조셉 머피의 말을 인용하여 그의 철학을 되새겼습니다.

"나는 사람들에게 영적인 근원과 그들의 잠재력을 가르쳐주고 싶습니다. 그 힘은 그들의 내면에 있고, 그 힘을 통해 스스로 구원할 수 있음을 알려주고 싶습니다. 이것이 성경의 메시지이며, 오늘날 여러분이 겪는 혼돈의 90퍼센트는 삶을 변화시키는 성경의 진리를 문자적으로 잘못 해석한 데 기인합니다.

나는 실직한 남자들, 재능과 능력을 억압당하고 의무에 짓눌린 여자들에게 닿고 싶습니다. 자기 내면의 놀라움을 발견하는 모든 단계에 있는 사람들을 돕고 싶습니다."

그녀는 남편인 조셉 머피에 대해 이렇게 말합니다.

"그는 학자적 지능이 뛰어난 실리적인 신비주의자요, 성공한 경영인의 정신과 시인의 마음을 소유한 사람이었습니다. 그의 메시지를 요약하면, 당신은 하나님과 함께하는 사람이므로 왕이요, 당신 세계의 통치자입니다."

JOSEPH
MURPHY

옮긴이 **박선주**

세종대학교 국어국문학과와 이화여대통번역대학원 한불번역과에서 공부한 뒤, 기독교출판사와 아동문학출판사 편집부에서 책을 만들었다. 현재는 소통인(人)공감 에이전시에서 번역가로 활동하며 프랑스어권과 영미권의 다양한 책들을 소개하거나 번역하고 있다. 번역한 책으로 『해빙 잇 올』, 『하루 5분 감사 일기』, 『부의 가속도』, 『데일 카네기의 인간관계론』, 『사물들과 철학하기』 등이 있다.

원하는 것을 현실로 만드는 잠재의식의 힘
완전 다른 사람이 된다

초판 1쇄 발행 2023년 12월 27일

지은이 조셉 머피
옮긴이 박선주
펴낸이 최현준

편집 구주연
교정 최보배
디자인 Aleph design

펴낸곳 빌리버튼
출판등록 2022년 7월 27일 제 2016-000361호
주소 서울시 마포구 월드컵로 10길 28, 201호
전화 02-338-9271
팩스 02-338-9272
메일 contents@billybutton.co.kr

ISBN 979-11-92999-24-1 03320